Mit Lafer leicht genießen

Gesünder kochen mit Johann Lafer

KIRCHHEIM

INHALT

Vorwort Andrea Klimke-Hübner   4
Vorwort Johann Lafer   5
Prof. Dr. Stephan Jacob: Typ-2-Diabetes und Lebensstil   6
Anhang   96

Vorspeisen

Seeteufel aus dem Aromadampf mit frischen Kräutern, Rohkostsalat und Olivenöl-Zitronen-Dressing	12
Gebratene **Maispoulardenbrust** mit Rotkrautsalat und Äpfeln	14
Schaumsuppe vom frischen Bärlauch mit Poulardenspießen im Sesammantel	16
Auf Kräutern gedämpfter **Lachs** mit Melonen-Gurken-Gemüse	18
Marinierte **Maispoularde** mit Couscous-Salat und weißer Tomatenvinaigrette	20
Kürbis-Kokos-Suppe mit Kürbiskernnocken	22
Thunfischtatar mit Gurkenspaghetti	24
Salat von Spargel und Tafelspitz mit Radieschenvinaigrette	26
Gedämpfter **Spargel** mit Hühnchen und Orangen-Vanille-Sud	28
Gebratene **Maispoularde** auf würzigem Obstsalat	30
Gegrillter **Ratatouille-Salat** mit Mini-Mozzarella	32
Spargelsalat mit Orangenvinaigrette und Wachtel-Spiegelei	34
Kohlrabischaumsüppchen mit gekräuterten Poulardenspießen	36

Hauptspeisen

Heilbutt im Bananenblatt gegart	40
Mit Tandori Marsala marinierte **Roastbeef-Saté-Spieße**, Pinienkerncouscous und Koriander-Kirschtomaten	42
Zanderfilet auf der Haut gebraten mit Spargel-Paprika-Gemüse und jungem Baby-Spinat	44
Gefüllte **Maispoularde** im Wirsingmantel auf gekräuterten Orecchiette und süß-saurem Kürbis	46
Thailändisches **Hühnchen-Curry** in Kokosrahm	48
Rotfleischige Forelle aus dem Aromadampf mit Kräuterseitlingen und Bärlauch-Orecchiette	50
Mariniertes **Schweinefilet** auf Sesamreis	52
Mariniertes **Lammrückenfilet** mit Zitronenthymian und Oliven-Stampfkartoffeln	54
Pochiertes **Kalbsfilet** im Kräutermantel mit Pfifferlingrahm	56
Gratinierter **Lachs** mit Meerrettichkruste auf Kräutercreme	58
Gegrillte **Maispoulardenbrust** mit Grapefruit-Tomaten-Salat und Vanille-Limonen-Dressing	60
Wurzelgemüse „Pot au feu" mit Schweinefilet	62
Schweinefilet mit Mie-Nudeln aus dem Wok	64
Gedämpfter **Zitronensaibling** mit buntem Erdnussreis	66
Auf Gemüse gedämpfte **Lachsschnitte** mit Limettensauce und Gewürz-Vollkornreis	68
Auf Zitronenverbene gegarte **Dorade** mit Bärlauchcrêpes und Spargel-Radieschen-Gemüse	70

Desserts

Kokosmilchreis-Törtchen mit Mango-Erdbeer-Ragout	74
Birnensüppchen mit Orangen-Zimt-Quark im Glas	76
Holunder-Quark-Schaum mit Erdbeeren und Rhabarber	78
Geeistes **Erdbeer-Rhabarber-Süppchen** mit Vanillequark im Glas	80
Dreierlei von der Erdbeere	82
Gewürz-Orangen mit Buttermilchnocken	84
Ananasfrappé mit Kokosschaum	86
Zimt-Quark-Schaum mit Erdbeeren im Glas	88
Joghurt-Quark-Creme mit Orange und **Sommerbeeren-Smoothie**	90
Ragout von Rhabarber und Ananas mit Orangen-Quarkschaum	92
Rhabarberragout mit Joghurtcreme und Erdbeeren	94

Die BE-Angaben aller Rezepte beziehen sich immer auf 12 Gramm anrechnungspflichtige Kohlenhydrate in einer Portion des Gerichts (1 BE entspricht 12 Gramm Kohlenhydrate).

Bibliografische Information der Deutschen Bibliothek

Die Deutsche Bibliothek verzeichnet diese Publikation in der Deutschen Nationalbibliografie; detaillierte bibliografische Daten sind im Internet über <http://dnb.ddb.de> abrufbar.

ISBN 978-3-87409-530-3

1. Auflage 2012
Alle Rechte vorbehalten
© Verlag Kirchheim + Co GmbH
Postfach 2524, 55015 Mainz
www.kirchheim-verlag.de
Printed in Germany

Autor:
Johann Lafer
Johann Lafers Stromburg
Le Val d'Or Restaurant GmbH & Co. KG
55442 Stromberg
Tel: 06724/9310-0
www.johannlafer.de
E-Mail: stromburghotel@johannlafer.de

Die Nährwerte der Rezepte wurden berechnet von Kirsten Metternich mit „Die Diabetes-Journal-Nährwert-Tabelle" (Kirchheim-Verlag) und dem Nährwertberechnungsprogramm DGE PC Professional, Version 5.00008.

Bildnachweis:
Jan C. Brettschneider
FOTOGRAFIE
Heinrich-Helbing-Straße 16
22177 Hamburg
Telefon: 040/6916191
Telefax: 040/69797297
www.janbrettschneider.com
E-Mail: studio@janbrettschneider.de

Layout:
Hayo Eisentraut

Lektorat:
Nicole Finkenauer-Ganz

Sehr geehrter Leser,

in diesem Kochbuch finden Sie viele gesunde Rezepte, die Appetit machen – nicht nur Menschen mit Diabetes. Es ist für alle geschrieben, die mit gesunder Ernährung ihrem Körper das Beste geben und trotzdem nicht auf Genuss verzichten möchten. Eine bewusste Ernährung und ausreichend Bewegung sind für uns alle von großer Bedeutung, denn Übergewicht, ungesunde Ernährungsgewohnheiten und zu wenig Bewegung sind in erster Linie die Ursache für die steigende Zahl der Typ-2-Diabetiker.

Anlässlich der von Sanofi initiierten bundesweiten Diabetesaktion „Wissen was bei Diabetes zählt: Gesünder unter 7" sind die Rezepte dieses Kochbuches im Laufe der Jahre entstanden und gekocht worden. Die Diabetesaktion setzt sich seit 2005 gemeinsam mit Partnern wie Fachgesellschaften, Patientenorganisationen, Krankenkassen und Medien für die Vorbeugung, Früherkennung und bestmögliche Versorgung von Menschen mit Diabetes ein.

In Deutschland gibt es fast 8 Millionen Menschen mit Diabetes, und es werden immer mehr. Aufklärung und Informationen zu diesem Thema sind daher unerlässlich. „Wissen was bei Diabetes zählt: Gesünder unter 7" schärft das Bewusstsein für die Erkrankung und motiviert zu einem aktiven Lebensstil mit mehr körperlicher Aktivität und ausgewogener Ernährung.

Johann Lafer ist der Botschafter der Aktion „Wissen was bei Diabetes zählt: Gesünder unter 7" und engagiert sich seit Jahren, um über die Volkskrankheit aufzuklären. Über vierzig Rezepte – Vor-, Haupt- und Nachspeisen – hat der berühmte TV- und Sternekoch für die Diabetesaktion entwickelt. Die in diesem Kochbuch vorgestellten Gerichte hat er bei der Aktion live gekocht – meist in großen Einkaufscentern. Johann Lafer hat den Besuchern damit gezeigt, dass sich jeder gesund ernähren kann, wenn einige Dinge beachtet werden. Besonderen Wert legt er auf Gerichte aus frischen, saisonalen und regionalen Lebensmitteln.

Ich selbst habe fast jedes Gericht mit zubereitet und koche viele Rezepte zu Hause nach. Die Rezepte sind sehr gut für den heimischen Herd geeignet und einfach umzusetzen – die Lebensmittel sind überall zu kaufen, und alles, was für die Zubereitung benötigt wird, ist einfaches Kochgeschirr, ein wenig Übung und viel Freude am Genießen.

Mit den Rezepten in diesem Buch möchte Johann Lafer Menschen mit Diabetes im Alltag unterstützen. Mit einfachen Schritten erklärt er die Zubereitungen und bringt Vorfreude auf seine Köstlichkeiten. Alle Rezepte enthalten Angaben zu Kalorien und Broteinheiten. Wertvolles Hintergrundwissen zum Thema gesunde Ernährung, zum Beispiel welche Bedeutung diese Nährwerte für Sie als Diabetiker haben, lesen Sie im Beitrag des Diabetesexperten Professor Dr. med. Stephan Jacob.

Viel Spaß beim Lesen und Nachkochen der Rezepte!

Andrea Klimke-Hübner

Lieber Leser,

gesund essen ist Teil meiner Philosophie: Gesunde Ernährung bedeutet für mich Geschmack und Lebensqualität. In meiner Laufbahn als Koch sind mir zunehmend Menschen mit Diabetes begegnet. Der Punkt, an dem ich dachte, für diese Menschen muss etwas getan werden, kam relativ schnell. Die Reaktionen auf mein Engagement bei der Diabetesaktion „Wissen was bei Diabetes zählt: Gesünder unter 7" zeigen mir, dass dies der richtige Weg ist. Ich möchte vor allem die Botschaft vermitteln, dass Menschen mit Diabetes auf Genuss und Geschmack nicht verzichten müssen. Allen anderen gebe ich den Tipp: Eine gesunde Ernährung hilft, der Erkrankung vorzubeugen.

Ich denke, es ist wichtig, authentisch zu bleiben. Nur mit Freude, nicht mit Restriktionen oder Verboten, lassen sich Menschen überzeugen. Mein Ansatz ist, über Lust, Geschmack und Kreativität den Zugang zur gesunden Ernährung zu schaffen. Insgesamt ist das Bewusstsein für Ernährung in den letzten Jahren gestiegen. Die Menschen denken heute mehr darüber nach, was auf den Tisch kommt. Sie achten zunehmend auf Herkunft und Qualität von Lebensmitteln. Was nicht stimmt, ist das Mengenverhältnis. Wir essen mehr, als wir verbrauchen. Wir bewegen uns zu wenig. Gesund essen mit Genuss und Geschmack bildet für mich eine Einheit. Ich halte an dem Prinzip fest, die Speisen sorgfältig auszuwählen und bewusst zu genießen. Dabei setze ich auf hochwertige und natürlich verarbeitete Lebensmittel, die schonend gegart werden. Diese sind nicht nur gesünder – sie schmecken auch besser. Mein Tipp ist eine Ernährung, die frisch, bedarfsgerecht und ausgewogen ist. Das Motto lautet: Qualität vor Quantität. Bei der Ernährung rate ich: morgens viele und abends wenige Kohlenhydrate essen, insgesamt mehr frische, leichte Sachen und Gemüse bevorzugen. Wählen Sie Speisen mit geringem Energiegehalt bei niedriger Dichte, die einen hohen Wasseranteil und Vitamine sowie Mineralien enthalten. Die geringe Dichte sorgt für Volumen, damit tritt schneller ein Sättigungsgefühl ein. Die ausreichende Versorgung mit wichtigen Nährstoffen ist Bestandteil jeder gesunden Ernährung. Problematisch sind die industriell gefertigten Speisen: Sie haben sehr oft einen hohen Kaloriengehalt und enthalten wenig Nährstoffe, sind reich an gehärtetem Fett, Salz und Geschmacksverstärkern. Beim Zubereiten rate ich zum Erhitzen der Speisen mit niedrigen Temperaturen. Günstiger als das Backen über 200 Grad sind Dämpfen und Dünsten bei 70 bis 100 Grad. So bleiben die wertvollen Stoffe in den Speisen erhalten.

Die Kernbotschaft ist, dass wir mit gesundem Essen das Beste für unseren Körper tun. Menschen davon zu überzeugen, kann nur gelingen, wenn positives Empfinden, Genuss und Geschmack eng an diese Botschaft geknüpft sind. Meine Rezepte, die ich für die Aktion „Wissen was bei Diabetes zählt: Gesünder unter 7" entwickelt habe, zeigen, dass dies möglich ist.

Guten Appetit,

Ihr Johann Lafer

Typ-2-Diabetes und Lebensstil

Typ-2-Diabetes ist eine typische Wohlstandserkrankung: Lebensstilfaktoren wie Übergewicht, fehlende Bewegung und eine nicht ausgewogene Ernährung spielen bei der Entwicklung dieser Erkrankung eine besondere Rolle. Der ungesunde „westliche" Lebensstil ist nicht nur die Hauptursache dafür, dass sich Diabetes entwickelt, dieser Lebensstil beeinflusst auch stark, wie die Erkrankung verläuft und wie und ob sie sich verschlechtert. Um Typ-2-Diabetes vorzubeugen und zu behandeln, ist es deshalb sehr wichtig, eine *langfristige Änderung der Lebensgewohnheiten* anzustreben. Leicht ist das nicht, denn liebgewordene Gewohnheiten können die meisten nicht einfach von heute auf morgen aufgeben.

Information ist wichtig

Um den Diabetes erfolgreich „managen" zu können, ist eine Grundvoraussetzung, dass sich Betroffene gründlich informieren:
- Wie entsteht Typ-2-Diabetes?
- Wie verläuft die Erkrankung?
- Wovon wird der Blutzucker beeinflusst?
- Welche Gefahren lauern kurz- und langfristig?
- Und welche Möglichkeiten hat jeder Mensch mit Diabetes, selbst sein Schicksal in die Hand zu nehmen und positiv zu beeinflussen?

Die Zauberformel: Lebensstiländerung und Selbstmanagement

Sich regelmäßig zu bewegen und sich gut und bewusst zu ernähren, tut dem Blutzucker gut und senkt auch das Herz-Kreislauf-Risiko. Wie das geht, darüber sollten Menschen mit Diabetes Bescheid wissen und informieren sich am besten bei einer qualifizierten (!) Fachkraft im Bereich Ernährung. Diese Experten wissen, auf welche Ernährungsaspekte Menschen mit Diabetes besonders achten sollten, um den Blutzucker und das Gewicht günstig zu beeinflussen. Wichtig ist nämlich neben dem Energiegehalt in Kalorien beispielsweise auch die Zusammensetzung der Nahrung (Gehalt an Eiweiß, Kohlenhydraten und Fetten).

Zwei Aspekte sind bei Menschen mit Typ-2-Diabetes von besonderer Bedeutung:
- *Gewichtsmanagement (Beeinflussung des Körpergewichtes)*
- *Einfluss der Ernährung auf die Blutzuckerschwankungen*

Gewichtsmanagement

Wer zu viele Kalorien zu sich nimmt und zudem durch wenig Bewegung nur wenig Energie (Kalorien) verbraucht, nimmt zu. Das *Gewichtsmanagement* kann deshalb nur dann langfristig erfolgreich sein, wenn eine Balance zwischen Energiezufuhr und Energieverbrauch erreicht wird. Um abzunehmen, sollte am besten etwas weniger Energie zugeführt und etwas mehr durch körperliche Aktivität verbraucht werden. Das Idealgewicht anzustreben, ist aber gar nicht erforderlich! Wichtig ist, dass Sie eine weitere Gewichtszunahme verhindern. Stellen Sie sich vor: Bereits eine moderate Gewichtsreduktion von fünf Prozent des Ausgangsgewichtes, die dann gehalten wird, bringt erstaunlich günstige Effekte!

Fett als Geschmacksträger

Weil viele Geschmacksstoffe in Fett besser gelöst werden, schmeckt gehaltvolles Essen – zum Beispiel eine Sahnesauce – wesentlich intensiver und besser als Gerichte mit nur wenig Fett. Gehaltvolles Essen macht mehr Lust und Appetit – aber oft auch mehr Gewicht!

TYP-2-DIABETES UND LEBENSSTIL

Lieber einen Apfel essen als den Saft von zwei bis drei Äpfeln trinken – denn in einem Glas Apfelsaft steckt genauso viel Energie wie in fast drei Äpfeln.

Beim Gewichtsmanagement ist es deshalb besonders wichtig, Fette in der Nahrung zu reduzieren. Es gilt, versteckte Kalorien zu erkennen und Kalorienbomben zu meiden, denn: **Was ich nicht zu viel gegessen habe, muss ich auch nicht wieder durch körperliche Anstrengung loswerden!**

Studien aus den letzten Jahren zeigen, dass eine vermehrte Aufnahme von Fetten eng mit der Entwicklung des Übergewichtes und des Diabetes verbunden ist. Dies ist umso ausgeprägter, wenn zusätzlich noch viel isolierter Zucker (zum Beispiel in Form von Softdrinks oder Säften) verzehrt wird. Ein Problem dabei ist, dass viele Menschen mit Diabetes manchmal (zu) sehr auf die Kohlenhydrate achten, weil Kohlenhydrate den Blutzucker erhöhen. Sie essen eher weniger Kohlenhydrate, nehmen stattdessen aber mehr Fette zu sich. Allerdings ist Fett nicht gleich Fett. Nicht jedes Fett ist schlecht, z. B. haben Olivenöl oder Fischöl die „richtigen", wertvollen Fettsäuren, die – in Maßen – gesund sind.

Kohlenhydrate sind nicht gleich Kohlenhydrate

Wie hoch ist der Anteil der Kohlenhydrate in der Nahrung? Und um welche Arten von Kohlenhydraten handelt es sich? Bei Menschen mit Diabetes ist es besonders wichtig, diese beiden Aspekte zu beachten, denn Kohlenhydrate erhöhen den Blutzucker. Welche Struktur die Kohlenhydrate haben, ist in diesem Zusammenhang sehr relevant: Isolierter Zucker, enthalten zum Beispiel in Obstsäften, erhöht den Blutzucker schnell, während komplexe Kohlenhydrate (z. B. enthalten in Lebensmitteln wie Salat, Obst, Gemüse und Vollkornprodukten) erst einmal im Darm verdaut werden müssen und daher langsamer ins Blut kommen.

Und wie hoch ist der Anteil an schwerverdaulichen Kohlenhydraten (Ballaststoffen)? Ballaststoffe liefern zwar kaum Energie, führen aber zu einem stärkeren Sättigungsgefühl, verbessern die Funktion des Magen-Darm-Traktes und verzögern zudem die schnelle Aufnahme von anderen Kohlenhydraten und Fetten.

Wie sehr ein Lebensmittel den Blutzucker erhöht, wird erfasst im *Glykämischen Index* (GI). Je höher der GI, umso schneller steigt der Blutzucker an. Der Vergleichswert ist dabei die Blutzuckererhöhung durch reinen Zucker. Je niedriger der GI, umso langsamer werden die Kohlenhydrate aufgeschlüsselt und umso geringer steigt der Blutzucker an. Lebensmittel mit komplexen Kohlenhydraten haben einen niedrigen GI.

Ein gutes Beispiel ist Kartoffelpüree: Es hat einen höheren Glykämischen Index als Pellkartoffeln, denn beim Pürieren der Kartoffeln werden ihre Faserstrukturen zerstört. Die Folge: Unser Körper kann die Stärke schneller aufschlüsseln und der Blutzucker steigt schneller an.

Ähnlich ist es bei Obst: Zum Beispiel erhöht ein Apfel mit seinen Faserstoffen (Ballaststoffen) den Blutzucker wesentlich geringer als Apfelsaft, der keine Faserstoffe mehr enthält. Zudem sättigen die Ballaststoffe leicht – ein Effekt, der mit reinem Saft kaum eintritt. Bedenken Sie also: Ein Glas Apfelsaft (250 ml) hat den Energiegehalt von fast drei Äpfeln. Aber der Saft sättigt nicht derart!

TYP-2-DIABETES UND LEBENSSTIL

> ### Gummibärchen oder Blumenkohl – was ist besser?
>
> *Eine Tüte (fettfreie) Gummibärchen mit 300 g hat ca. 1000 kcal an Energie – und zwar reine Kohlenhydrate, die kaum satt machen, den Blutzucker aber stark erhöhen. Sie müssten 4,5 Kilogramm Blumenkohl essen, um die gleiche Kalorienmenge an Kohlenhydraten zu sich zu nehmen! Da Blumenkohl sehr viele Ballaststoffe enthält, würde der Blutzucker allerdings kaum ansteigen …*

Gehen Sie öfter spazieren – und genießen Sie das Leben!

Der Saft bewirkt, dass sich der Blutzucker schnell erhöht – der Stoffwechsel reagiert darauf mit einer schnellen Erhöhung des Insulins. Das kann bei manchen Menschen nach ein bis zwei Stunden zu einem relativ starken Abfall des Blutzuckers führen. Wer den Blutzuckerabfall spürt (Heißhunger, Zittern, flaues Gefühl, oft aber auch sehr untypische Beschwerden wie Müdigkeit, Konzentrationsstörungen …), nimmt erneut Nahrung zu sich, um eine Unterzuckerung zu vermeiden – und kann so in einen Teufelskreis kommen, der häufig mit einer Gewichtszunahme einhergeht (siehe Abb. 1 auf S. 96).

Viele Menschen essen zu wenig Obst, Gemüse und Salat – und damit viel zu wenige Ballaststoffe. Ballaststoffe sind aber wichtig, denn sie bewirken, dass der Blutzucker nach einer Mahlzeit nicht so stark ansteigt, und führen gleichzeitig zu einer besseren Sättigung. Interessant ist, dass Menschen, die mehr Ballaststoffe essen, seltener Probleme mit dem Gewicht und dem Zuckerstoffwechsel haben – das zeigen Studien.

Besser: nicht zu viele kohlenhydratreiche Mahlzeiten

Je nachdem, wie häufig kohlenhydratreiche Mahlzeiten (zum Beispiel Zwischenmahlzeiten) eingenommen werden, wird der Blutzuckerverlauf über den Tag beeinflusst, bei Spätmahlzeiten sogar bis in die Nacht und bis zum nächsten Morgen (siehe Abb. 2 auf S. 96).

Gut für den Blutzucker: der tägliche Spaziergang

Die Aufnahme des Blutzuckers in die Zellen wird durch das Hormon Insulin reguliert. Bei Menschen mit Typ-2-Diabetes sprechen die Zellen nicht mehr so gut auf das körpereigene Insulin an (Insulinresistenz). Ursachen dieser Insulinresistenz sind häufig (neben der Vererbung): Übergewicht, Fehlernährung, Stress und besonders die fehlende körperliche Aktivität. Aber man weiß, dass durch Muskelkontraktion während der Muskelarbeit der Zucker – ähnlich wie mit Insulin – vermehrt in den Muskel aufgenommen wird. Insulin und regelmäßige Muskelarbeit addieren sich in ihrer Wirkung! Und verbessern somit die Blutzuckeraufnahme in die Zellen sehr deutlich.

In der Abbildung 3 auf Seite 96 ist gut zu sehen: Durch jeden kurzen Spaziergang von 20 bis 30 Minuten werden die Blutzuckerwerte deutlich verbessert.

Auch Gesundheit geht durch den Magen! Wenn Sie etwas Gutes …

… für Ihre Gesundheit tun wollen, können Sie also an verschiedenen Stellen ansetzen:

- Versuchen Sie, Ihr Gewicht etwas zu reduzieren und dann zu halten. Am wichtigsten ist, dass Sie auf jeden Fall NICHT ZUNEHMEN!
- Essen Sie etwas weniger von dem „Gefährlichen", dafür MEHR von dem GUTEN, d. h. weniger ISOLIERTE, dafür mehr KOMPLEXE Kohlenhydrate und Ballaststoffe.
- Achten Sie auf (versteckte) Fette, mit denen Sie (zu) viele Kalorien zu sich nehmen.

TYP-2-DIABETES UND LEBENSSTIL

Es gibt so viele bunte Gemüse und Salatsorten. Gewohnheiten zu ändern bedeutet auch: Neues entdecken! Legen Sie doch einfach mal Gemüsesorten in Ihren Einkaufskorb, die sonst kaum auf Ihrem Speiseplan stehen.

- Essen Sie nicht zu viele kohlenhydratreiche Mahlzeiten und verzichten Sie auf gesüßte Getränke (vor allem zwischendurch).
- Essen und genießen Sie LANGSAM!
- Gehen Sie öfter spazieren!
- Und: GENIESSEN Sie das Leben!

Gesund leben – und dabei den Genuss nicht vergessen …

Viele Menschen mit Typ-2-Diabetes und auch Menschen, die gesundheitsbewusst leben und sich vor Diabetes schützen möchten, sollten ihre Ernährung umstellen und ungesunde, „schlechte" Lebensgewohnheiten ändern. Dabei brauchen sie DENNOCH auf Genuss und Lebensfreude nicht zu verzichten!
Früher wurden teilweise sehr strenge Diäten verordnet; es gab viele Verbote. Daran hat sich heute viel geändert; es gibt neue wissenschaftliche Erkenntnisse und intelligentere Therapiemöglichkeiten. Ungesunde Gewohnheiten abzulegen und den Lebensstil zu ändern, ist nicht einfach – aber doch auch eine wunderbare Gelegenheit, Neues kennenzulernen und auszuprobieren! Gesunde Ernährung fängt beim Einkaufen an, legen Sie also doch einfach mal Gemüse- und Obstsorten in Ihren Einkaufskorb, die Sie vorher noch nie probiert haben. Der liebe Gott hat uns die Vielfalt und auch die Menge des Nahrungsangebotes nicht geschenkt, um uns umzubringen – sondern um all dies zu genießen! Und denken Sie daran: **Wer nicht genießen kann, wird ungenießbar!**

Johann Lafer zeigt uns, wie wir mit einfachen Mitteln und mit Kreativität, Witz und Verstand sensationelle Gerichte zubereiten können, die jeder in vollen Zügen und mit gutem Gewissen genießen kann – ob mit Typ-2-Diabetes oder ohne.
GUTEN APPETIT!

Ihr
 Prof. Dr. Stephan Jacob

Prof. Dr. med. Stephan Jacob
Brombeerweg 6
78048 Villingen-Schwenningen

Vor-speisen

VORSPEISEN

Seeteufel *aus dem Aromadampf mit frischen Kräutern,*
Rohkostsalat
und Olivenöl-Zitronen-Dressing

SEETEUFEL IM AROMASUD

500 g	Seeteufel, küchenfertig
400 ml	Fischfond
3 Stangen	Zitronengras, fein geschnitten
2	Chilischoten, fein geschnitten
30 g	Ingwer, geschnitten
5	Korianderzweige
3	Schalotten (90 g), fein geschnitten
	Meersalz
	Pfeffer
30 g	Kräuter, gemischt (Dill, Petersilie, Sauerampfer, Kerbel, Borretsch, Schnittlauch)
50 ml	Olivenöl con Limone
	Meersalz

OLIVEN-ZITRONEN-DRESSING

40 ml	weißer Balsamico
	Salz, Pfeffer
2–3	Spritzer flüssiger Süßstoff
	Saft von
¼	Zitrone
60 ml	Olivenöl
1	Knoblauchzehe, in feine Würfel geschnitten
1 EL	Petersilie, gehackt
2 EL	Schalotten (20 g), in feine Würfel geschnitten

ROHKOSTSALAT

1 kleine	Salatgurke (150 g)
50 g	Weißkraut
10	Radieschen (100 g)
½	rote Paprikaschote (75 g)
½	gelbe Paprikaschote (75 g)
100 g	Kirschtomaten
1	Karotte (150 g)
1 TL	Meersalz

● Fischfond und Zitronengras zum Kochen bringen. Chilischote, Ingwer, Koriander und Schalotte zugeben und abermals aufkochen. Den Seeteufel mit Meersalz und Pfeffer würzen, in einen Dämpfeinsatz legen, auf den leicht köchelnden Sud geben und mit einem Deckel verschließen. Den Fisch je nach Dicke ca. 8–15 Minuten über dem Aromadampf garen.

● In dieser Zeit die verschiedenen Kräuter ganz fein hacken. Wenn der Seeteufel gar ist, diesen in den feingehackten Kräutern wenden und in Scheiben schneiden. Mit Olivenöl con Limone leicht beträufeln und mit Meersalz bestreuen.

● Für das Dressing weißen Balsamico mit Salz, Pfeffer und Flüssigsüße zuerst verrühren, etwas Zitronensaft beigeben und dann die restlichen Zutaten zugeben.

● Gurke schälen, längs halbieren, die Kerne z. B. mit einem Teelöffel entfernen und in Halbmonde schneiden. Das Weißkraut in feine Streifen schneiden. Radieschen in Scheiben schneiden. Roten und gelben Paprika schälen und in Streifen schneiden. Von den Kirschtomaten den Stielansatz entfernen, die Tomaten halbieren. Die Karotten mit einem Trüffelhobel in feine Scheiben schneiden. Alles in eine Schüssel geben und den Salat mit dem Olivenöl-Zitronen-Dressing und Meersalz mischen. Zu dem Seeteufel servieren.

FÜR 4 PERSONEN

VORSPEISEN

NÄHRWERT PRO PORTION
ca. **367 kcal** Energie
0 BE Broteinheiten

VORSPEISEN

Gebratene Maispoulardenbrust
mit Rotkrautsalat und Äpfeln

● Maispoulardenbrust salzen und pfeffern und in dem heißen Rapsöl in einer Pfanne von beiden Seiten anbraten. Thymian und Knoblauch zugeben. Anschließend für etwa 10 Minuten in den 140 °C heißen Backofen schieben.

● Den Strunk vom Rotkohl entfernen und das Kraut in feine Streifen schneiden. Diese mit Essig und den beiden Ölsorten vermischen, Walnüsse zufügen und den Salat mit Salz, Pfeffer und dem Akazienhonig würzen. Gründlich mischen und durchziehen lassen.

● Äpfel waschen, entkernen und in etwa 1 cm dicke Scheiben schneiden. Die Scheiben nochmals halbieren und in Vanille mit Akazienhonig in einer großen Pfanne von beiden Seiten goldbraun andünsten.

● Den Rotkrautsalat mit den Apfelscheiben und einigen Feldsalatröschen anrichten. Die fertige Maispoularde in Tranchen schneiden, mit Salz und Pfeffer abschmecken, auf den Salat geben und servieren.

MAISPOULARDENBRUST

4	Maispoulardenbrüste à 140 g
2 Zweige	Thymian
1	junge Knoblauchzehe (angedrückt)
	Salz, Pfeffer
2 EL	Rapsöl (20 g)

ROTKRAUTSALAT

½	Rotkohl (250 g)
2,5 EL	Rotweinessig
1 EL	Rapsöl (10 g)
2 EL	Walnussöl (20 g)
40 g	Walnüsse, grob gehackt
2 TL	Akazienhonig (10 g)
2	kleine Äpfel (200 g)
2 EL	Vanille in Akazienhonig oder Akazienhonig (20 g)
einige	Feldsalatröschen (20 g)
	Salz, Pfeffer

FÜR 4 PERSONEN

VORSPEISEN

NÄHRWERT PRO PORTION
ca. 587 kcal Energie
1,1 BE Broteinheiten

VORSPEISEN

Schaumsuppe
vom frischen Bärlauch
mit Poulardenspießen im Sesammantel

🟢 Schalotten und Knoblauch schälen, grob würfeln und im erhitzten Rapsöl glasig anschwitzen.

🟢 Mit Gemüsefond auffüllen, zum Kochen bringen und fettreduzierte Sahne zugeben. Den Ansatz 10–15 Minuten köcheln lassen.

🟢 Bärlauch und Blattpetersilie unter fließendem Wasser abbrausen, trockentupfen, von den Stielen befreien und in möglichst feine Streifen schneiden. Buttermilch zu den Kräutern geben und mit Hilfe eines Stabmixers fein pürieren.

🟢 Buttermilch-Kräuter-Mischung in den Suppenansatz geben, mit dem Mixstab aufschäumen und mit Salz, Zitronensaft und Chili aus der Mühle abschmecken.

🟤 Das Fleisch waschen, trocken tupfen und der Länge nach in 12 gleichmäßig große Würfel schneiden. Mit Salz und Pfeffer aus der Mühle würzen. Anschließend zuerst in Mehl, dann in verquirltem Ei und zum Schluss in Sesam wälzen.

🟤 Das Fleisch aufspießen (z. B. auf Holzspieße) und von beiden Seiten 2–3 Minuten in dem erhitzten Rapsöl anbraten. Mit Küchenpapier kurz abtupfen und jeweils 2 Spieße zu der aufgeschäumten Bärlauchsuppe reichen.

SCHAUMSUPPE

2	*Schalotten (60 g)*
1	*junge Knoblauchzehe*
1 TL	*Rapsöl (5 g)*
600 ml	*Gemüsefond*
50 ml	*fettreduzierte Sahne, 15 % Fett*
100 g	*Bärlauch*
50 g	*Blattpetersilie*
70 ml	*Buttermilch*
	Salz
	Saft von
½	*Zitrone (25 ml)*
	Chili aus der Mühle

POULARDENSPIESSE

200 g	*Poulardenbrust, ohne Haut und Knochen*
	Salz, Pfeffer aus der Mühle
50 g	*Mehl*
1	*Ei, verquirlt*
100 g	*Sesam*
1 TL	*Rapsöl (5 g)*

FÜR 4 PERSONEN

VORSPEISEN

NÄHRWERT PRO PORTION
ca. **338 kcal** Energie
0,7 BE Broteinheiten

VORSPEISEN

Auf Kräutern gedämpfter Lachs mit Melonen-Gurken-Gemüse

● Die Kräuter abbrausen, trockenschleudern und von den Stielen zupfen. Mit dem Kräutertee mischen.

● Schalotten und Knoblauch schälen, würfeln und in einem Topf mit Dämpfeinsatz in heißem Öl anschwitzen. Den Fischfond angießen, den Dämpfeinsatz darübersetzen und mit den Kräutern und den Ingwer- und Zitronenscheiben belegen. Die Lachsfilets auf die Kräuter setzen. Zugedeckt bei 70–75 °C (Thermometer gelegentlich überprüfen) etwa 10–12 Minuten dämpfen. Den Sud aus dem Dämpftopf durch ein Sieb in einen kleinen Topf passieren.

● Die Melone halbieren, Kerne herauskratzen, Schale entfernen und das Fruchtfleisch würfeln.

● Gurke waschen, schälen, halbieren, Kerne herauskratzen und Fruchtfleisch in Rauten schneiden.

● Das Olivenöl in einer Pfanne erhitzen und Melonenwürfel und Gurkenrauten darin anschwitzen. 150 ml des Dämpffonds zugeben und mit Salz und Pfeffer würzen.

● Frühlingslauch waschen, putzen, in feine Streifen schneiden und unter das Melonen-Gurken-Gemüse mischen.

● Das Gemüse auf Teller verteilen. Lachsfilet mit Salz und Pfeffer würzen, von der Haut lösen, in Tranchen schneiden und auf dem Gemüse anrichten.

LACHS

100 g	gemischte Kräuter, z. B. Petersilie, Kerbel, Estragon, Schnittlauch, Dill, Kresse, Sauerampfer
4 EL	loser Kräutertee
2	Schalotten (60 g)
1	Knoblauchzehe
2 EL	Olivenöl (20 g)
400 ml	Fischfond
3 cm	Ingwerknolle, in feine Scheiben geschnitten
1	Zitrone (100 g), in dünne Scheiben geschnitten
4	Lachsfilets à 120 g, mit Haut und ohne Gräten

MELONEN-GURKEN-GEMÜSE

1	Zuckermelone (am besten: Cavaillon-/Charentais-Melone) (400 g)
1	Gurke (150 g)
3 EL	Olivenöl (30 g)
	Salz, Pfeffer
2 Stangen	Frühlingslauch (20 g)
	Salz, Pfeffer

FÜR 4 PERSONEN

VORSPEISEN

NÄHRWERT PRO PORTION
ca. 413 kcal Energie
1 BE Broteinheiten

VORSPEISEN

Marinierte Maispoularde
mit Couscous-Salat
und weißer Tomatenvinaigrette

● Die Poulardenbrüste waschen, trockentupfen. Limettenschale fein reiben und den Saft der Limetten auspressen. Geriebenen Ingwer, 60 ml Limettensaft, Limettenabrieb und Meersalz in einer Schüssel verrühren. Die Poulardenbrüste zugeben, mit etwas Chili würzen und in der Marinade wenden. Anschließend abgedeckt bei Zimmertemperatur für mindestens 30 Minuten marinieren.
Tipp: Am besten über Nacht im Kühlschrank marinieren.

● Die Poulardenbrüste aus der Marinade nehmen und gut abtropfen lassen. Die Poulardenbrüste in einer Pfanne mit dem Rapsöl von allen Seiten braten, bis sie gar sind.

● Für den Salat die Paprika vierteln, entkernen, mit einem Sparschäler schälen und in 1/2 cm große Würfel schneiden. Ingwer schälen und wie Schalotten und Knoblauch in sehr feine Würfel schneiden.

● 250 ml Wasser aufkochen und über den Couscous gießen, mischen und 5 Minuten quellen lassen. Dann mit einer Gabel auflockern und mit wenig Salz würzen.

● Rapsöl erhitzen, Ingwer, Schalotten und Knoblauch darin andünsten. Paprika zugeben und kurz mitdünsten. Mit Essig und Fond ablöschen. Mit Olivenöl, Pinienkernen und Minze zum warmen Couscous geben und gut mischen. Mit Salz und Pfeffer abschmecken.

● Die Tomaten waschen, Stielansatz entfernen und vierteln. Zusammen mit den restlichen Zutaten in einem Glasmixer kurz pürieren. Die Masse in ein nicht zu fest über einen Topf gespanntes Passiertuch gießen und den klaren Tomatenfond abtropfen lassen.

● Den Stielansatz der Tomaten entfernen, die Haut kreuzweise einritzen, in kochendem Salzwasser kurz blanchieren und anschließend in Eiswasser abschrecken. Die Haut abziehen, Tomaten vierteln, Kerne entfernen und das Fruchtfleisch in Würfel schneiden.

● Knoblauch und Schalotten schälen und fein würfeln.

● Tomaten, Schalotten und Knoblauch in eine Schüssel geben, den abgetropften Tomatenfond zugießen und mit Olivenöl verrühren. Mit Salz, Pfeffer, Honig und Weißweinessig kräftig abschmecken. Zum Anrichten die Poulardenbrust in Tranchen schneiden und auf den Couscous legen, Tomatenvinaigrette zugeben und mit frischer Blattpetersilie garnieren.

MARINIERTE MAISPOULARDE

4	Maispoulardenbrüste à 160 g, ohne Haut und Knochen
2	Limetten (200 g), unbehandelt
30 g	Ingwer, gerieben
5 g	grobes Meersalz
	Chili aus der Mühle

COUSCOUS-SALAT

4 EL	Rapsöl (40 g)
je 1	rote, grüne und gelbe Paprikaschote à 120 g
	walnussgroßes Stück frische Ingwerknolle, ca. 30 g
70 g	Schalotten, geschält
1	Knoblauchzehe, roh, geschält
200 g	Instant-Couscous
	Salz
5 EL	weißer Balsamico
100 ml	Geflügelfond
2 EL	Olivenöl (20 g)
3 EL	Pinienkerne (30 g), geröstet
2 EL	fein geschnittene Minze
	Salz, Pfeffer

TOMATENVINAIGRETTE

6	sehr reife Tomaten (600 g)
2	Basilikumzweige
	Salz, Pfeffer
3	Tomaten (300 g)
1	Knoblauchzehe
2	Schalotten (60 g)
4 EL	Olivenöl (40 g)
	Salz, Pfeffer
1 TL	Honig (5 g)
2 EL	Weißweinessig
4 Zweige	Blattpetersilie

FÜR 4 PERSONEN

VORSPEISEN

NÄHRWERT PRO PORTION
ca. 953 kcal Energie
3 BE Broteinheiten

VORSPEISEN

Kürbis-Kokos-Suppe
mit Kürbiskernnocken

🟠 Kürbis entkernen und samt der Schale würfeln. Schalotten und Ingwer schälen und in dünne Scheiben schneiden. Chili halbieren, Kerne herauskratzen und die Schote in Streifen schneiden. Alles zusammen 2–3 Minuten in dem heißen Olivenöl anschwitzen, mit Curry bestäuben und eine weitere Minute anschwitzen. Mit Gemüsefond und Kokosmilch aufgießen und 25 Minuten bei mittlerer Hitze köcheln lassen.

🟢 Quark mit Eigelb, Kürbiskernen, etwas Kürbiskernöl und Mehl glattrühren, mit Salz abschmecken. Die Masse für 30 Minuten in den Kühlschrank stellen und quellen lassen.

🟠 Kürbis-Kokos-Suppe pürieren und durch ein feines Sieb streichen. Die Suppe nochmals aufkochen lassen und mit Salz, Pfeffer und etwas Zitronensaft abschmecken.

🟢 Aus der Quarkmasse mit Hilfe von 2 Esslöffeln Nocken formen und diese in siedendem Salzwasser 10 Minuten ziehen lassen. Anschließend die Nocken in tiefe Teller verteilen, die heiße Suppe darübergießen und servieren.

KÜRBIS-KOKOS-SUPPE

500 g	Hokkaido-Kürbis
2	Schalotten (60 g)
30 g	Ingwer
1 kleine	Chilischote, rot
2,5 EL	Olivenöl (25 g)
1 EL	Curry
750 ml	Gemüsefond
250 ml	Kokosmilch
	Salz, Pfeffer
	Saft von
½	Zitrone (25 ml)

KÜRBISKERNNOCKEN

250 g	Magerquark
1	Eigelb
50 g	Kürbiskerne, fein gemahlen
1 EL	Kürbiskernöl (10 g)
1 EL	Mehl (10 g)
1 Prise	Salz

FÜR 4 PERSONEN

VORSPEISEN

NÄHRWERT PRO PORTION
264 kcal Energie
0,1 BE Broteinheiten

VORSPEISEN

Thunfischtatar
mit Gurkenspaghetti

🔴 Das Fischfilet in ganz kleine Würfel schneiden, in eine Schüssel geben, die restlichen Zutaten zufügen, gut vermischen und mit Salz, Pfeffer und Chili abschmecken. Kalt stellen.

🟢 Die Gurke mit der Gemüseschneidemaschine zu Spaghetti schneiden.

🟢 Dill waschen, trocknen, fein hacken und mit dem Olivenöl und weißem Balsamico mischen. Die Gurkenspaghetti zu der Marinade geben und mit Salz und Pfeffer abschmecken.

🟢 Von dem Thunfischtatar Nocken abstechen, mit Schnittlauchröllchen bestreuen. Die Gurkenspaghetti auf einem Teller anrichten, die Tatarnocken daraufsetzen und mit dem Saiblingskaviar garnieren.

THUNFISCHTATAR

200 g	Thunfischfilet, ohne Haut und Gräten
1	Schalotte (30 g), fein geschnitten
1	Avocado (300 g), in kleine Würfel geschnitten
etwas	Koriander, gemahlen
½ EL	Petersilie, gehackt
7 EL	Olivenöl con Limone (70 g)
2 EL	helle Sojasauce
½ EL	Koriandergrün, gehackt
	abgeriebene Schale und Saft (20 ml) von
½	Limette, unbehandelt
	Salz, Pfeffer
	Chili aus der Mühle

GURKENSPAGHETTI

1 große	Gurke (200 g)
½ Bund	Dill
3 EL	Olivenöl (30 g)
1 EL	weißer Balsamico
	Salz, schwarzer Pfeffer
	Saiblingskaviar
50 g	für die Garnitur

FÜR 4 PERSONEN

VORSPEISEN

NÄHRWERT PRO PORTION
ca. *472 kcal* Energie
0 BE Broteinheiten

VORSPEISEN

Salat von Spargel und Tafelspitz
mit Radieschenvinaigrette

● Spargel schälen, Enden abschneiden. Die Stangen in kochendem Salzwasser ca. 10 – 12 Minuten kochen, anschließend herausnehmen und abkühlen lassen.

● In der Zwischenzeit Schnittlauch und Radieschen waschen und trockenschütteln. Schnittlauch in Röllchen schneiden. Die Blätter der Radieschen fein zupfen und die Radieschen in dünne Scheiben schneiden.

● Weißweinessig mit einer Prise Zucker und Merrettich sowie Salz und Pfeffer verrühren. Das Öl kräftig unterrühren, Schnittlauch und Radieschenscheiben untermischen.

● Tafelspitz mit Hilfe eines scharfen Messers in dünne Scheiben schneiden. Spargelstangen halbieren und mit den Tafelspitzscheiben in eine flache Schüssel geben. Radieschenvinaigrette darübergießen und den Salat vor dem Servieren 30 Minuten durchziehen lassen. Zum Servieren mit Radieschenblättern garnieren.

SALAT VON SPARGEL UND TAFELSPITZ

20	Stangen weißer Spargel (1300 g)
	Salz
3 Bund	Schnittlauch
12	Radieschen mit Blättern (120 g)
3 EL	Weißweinessig
1 Prise	Zucker
1 TL	Meerrettich
	Salz, Pfeffer
2 EL	Rapsöl (20 g)
300 g	gekochter Tafelspitz

FÜR 4 PERSONEN

VORSPEISEN

NÄHRWERT PRO PORTION
ca. **226 kcal** Energie
0 BE Broteinheiten

VORSPEISEN

Gedämpfter Spargel
mit Hühnchen
und Orangen-Vanille-Sud

🟣 Spargelstangen schälen und die unteren Enden abschneiden. Orange und Zitrone in Scheiben schneiden. Beides zusammen mit Estragon in den Einsatz eines Dämpftopfes (z. B. „Vitalis" von WMF) verteilen und mit Salz, Pfeffer und einer Prise Zucker würzen.

🟣 Orangensaft und Geflügelfond in den Dämpftopf geben und erhitzen. Vanillestange halbieren, Mark herausschaben und zu dem Orangensaft geben. Vanillestange auf den Spargel legen und den Dämpfeinsatz über den leicht köchelnden Orangensud stellen. Spargel zugedeckt bei 75–80 °C (Thermometer gelegentlich überprüfen) etwa 15 Minuten garen.

🟠 In der Zwischenzeit die Hühnerbrüstchen mit Salz und Pfeffer würzen, in dem heißen Öl in einer Pfanne auf jeder Seite etwa 6 Minuten braten und Kräuter und grob geschnittenen, ungeschälten Knoblauch zugeben. Anschließend das Fleisch in Folie einwickeln und einige Minuten ruhen lassen.

🟣 Den Orangensud etwas einkochen und mit angerührter Speisestärke leicht binden. Nach und nach die Butter unterrühren und mit Salz und Pfeffer abschmecken. Danach die Orangenfilets hinzufügen. Spargelstangen aus dem Garblech heben, halbieren und mit den in Stücke geschnittenen Hühnerbrüstchen anrichten. Orangen-Vanille-Sud über Spargel und Hühnchen verteilen.

SPARGEL IM ORANGEN-VANILLE-SUD

20	Stangen weißer Spargel (1300 g)
1	Orange (150 g)
1	Zitrone (150 g)
3	Estragonzweige
	Salz, Pfeffer
1 Prise	Zucker
400 ml	Orangensaft
100 ml	Geflügelfond
1	Vanillestange
1 TL	Speisestärke (5 g), mit kaltem Wasser angerührt
1	Orange (150 g), nur die Filets
30 g	kalte Butter
	Salz, Pfeffer

HÜHNERBRÜSTCHEN

4	Hühnerbrüstchen à 120 g
	Salz, Pfeffer
2 EL	Olivenöl (20 g)
2	Thymianzweige
1	Rosmarinzweig
½	Knoblauchknolle

FÜR 4 PERSONEN

VORSPEISEN

NÄHRWERT PRO PORTION
ca. **360 kcal** Energie
1,3 BE Broteinheiten

VORSPEISEN

Gebratene Maispoularde
auf würzigem Obstsalat

● Maispoulardenbrüste waschen und trockentupfen. Rosmarinnadeln und Thymianblättchen von den Zweigen zupfen. Knoblauchzehen schälen und hacken. Sesamöl in einer Pfanne erhitzen und das Fleisch von beiden Seiten kurz anbraten. Rosmarin, Thymian und Knoblauch zugeben und alles im vorgeheizten Backofen bei 120° C ca. 10 – 15 Minuten garen. Anschließend mit Salz und Pfeffer würzen.

● Erdbeeren waschen, trockentupfen, putzen und halbieren.

● Mango schälen, das Fruchtfleisch vom Stein lösen und in 2 cm große Würfel schneiden.

● Papaya schälen, Kerne mit einem Esslöffel entfernen und das Fruchtfleisch in 2 cm große Würfel schneiden.

● Paprika putzen, schälen und in kleine Würfel schneiden.

● Gurke halbieren, die Kerne mit einem Löffel entfernen und in kleine Würfel schneiden. Obst und Gemüse miteinander vermengen.

● Aus allen übrigen Zutaten eine Vinaigrette herstellen und den würzigen Obstsalat damit marinieren.

● Den Salat anrichten. Die Maispoulardenbrüste in Tranchen schneiden, auf dem Salat anrichten und mit Kerbel garnieren.

FÜR 4 PERSONEN

MAISPOULARDE
4	Maispoulardenbrüste à 200 – 250 g
3 EL	Sesamöl (30 g)
1	Rosmarinzweig
1	Thymianzweig
2	Knoblauchzehen
	Salz, Pfeffer

OBSTSALAT
100 g	Erdbeeren
1	Mango (300 g)
½	Papaya (250 g)
1	rote Paprika (150 g)
½	Salatgurke (75 g)
etwas	flüssiger Süßstoff
	Saft von
1	Limette (30-40 ml)
6 EL	Olivenöl (60 g)
1	rote Chilischote, halbiert, entkernt und in kleine Würfel geschnitten
2 Zweige	Zitronenthymian, gezupft
	Salz, Pfeffer
	Kerbel für die Garnitur

VORSPEISEN

NÄHRWERT PRO PORTION
ca. **767 kcal** *Energie*
0,8 BE *Broteinheiten*

VORSPEISEN

Gegrillter Ratatouille-Salat
mit Mini-Mozzarella

- Aubergine halbieren und wie die Zucchini in ca. 1–2 cm dicke Scheiben schneiden.

- Die Paprikaschoten vierteln und entkernen.

- Auberginen, Zucchini und Paprika mit Olivenöl auf beiden Seiten einpinseln. Das Gemüse von beiden Seiten auf einem Grill rösten, bis sich ein Grillmuster abzeichnet.

- Kirschtomaten, rote Zwiebeln und Frühlingslauch mit dem gegrillten Gemüse vermischen. Knoblauch, Thymian und Basilikum beigeben.

- Den Salat mit Salz, Pfeffer und Limettensaft würzen, mit Olivenöl con Limone, weißem Balsamico und Geflügelfond vermengen und lauwarm auf Teller anrichten. Mit den Mozzarellakugeln und einigen Basilikumblättchen garnieren.

GEGRILLTER RATATOUILLE-SALAT

1	Aubergine (300 g)
1	Zucchini (150 g)
1	Paprika, rot (150 g)
1	Paprika, gelb (150 g)
3 EL	Olivenöl (30 g)
20	Kirschtomaten, halbiert (200 g)
4 Stangen	Frühlingslauch (40 g), in feine Ringe geschnitten
2	rote Zwiebeln (120 g), in Streifen geschnitten
2	Knoblauchzehen, fein gehackt
	abgezupfte Blättchen von
1	Thymianzweig
15–20	Basilikumblätter, gezupft
	Salz, Pfeffer
	Saft von
1	Limette (30–40 ml)
4 EL	Olivenöl con Limone (30 g)
40 ml	weißer Balsamico
40 ml	kräftiger Geflügelfond
100 g	Mini-Mozzarellakugeln
	Basilikumblättchen für die Garnitur

FÜR 4 PERSONEN

VORSPEISEN

NÄHRWERT PRO PORTION
ca. **269 kcal**   *Energie*
0,0 BE   *Broteinheiten*

VORSPEISEN

Spargelsalat
mit Orangenvinaigrette
und Wachtel-Spiegelei

• Den Spargel schälen und das holzige Ende wegschneiden. Dann die Stangen jeweils in zwei gleich lange Stücke schneiden.

• Das Rapsöl in einem Topf erhitzen. Die Schalotten darin anschwitzen und den gewaschenen Spargel daraufgeben (wichtig: der Spargel muss tropfnass sein). Mit Salz würzen und die Zitronenscheiben darauflegen. Mit einem entsprechend großen Deckel den Topf verschließen, so dass beim Garen kein Dampf aus dem Topf austreten kann. Den Spargel bei schwacher Hitze ca. 10 – 15 Minuten garen (zwischendurch umdrehen).

• Anschließend den Spargel mit einer Schaumkelle vorsichtig herausnehmen und warm stellen. Den entstandenen Sud mit dem Orangensaft einkochen und dann etwas abkühlen lassen.

• Olivenöl con Limone, Balsamico und Schnittlauch dazugeben, alles gut verrühren und mit Salz und Pfeffer abschmecken.

• Die noch lauwarmen Spargelstücke mit Zesten und Orangenfilets vermengen. Danach mit der Orangenvinaigrette marinieren.

• Die Wachteleier in die kalte, leicht eingefettete Pfanne geben und langsam bei mittlerer Temperatur zu Spiegeleiern backen. Dann mit Salz und Pfeffer würzen.

• Zum Anrichten den Spargel auf die Teller legen und mit reichlich Vinaigrette beträufeln. Zum Schluss die Spiegeleier auf die Spargelstangen setzen, alles mit Kerbel garnieren und servieren.

SPARGELSALAT

32	Stangen weißer Spargel (2100 g)
1 EL	Rapsöl (20 ml)
20 EL	Schalottenwürfel (10 g)
1 EL	Salz
2	Zitronenscheiben (10 g), ohne Schale
	Saft von
2	Orangen (300 ml)
5 EL	Olivenöl con Limone (50 ml)
3 EL	weißer Balsamico
2 EL	Schnittlauch, fein geschnitten
	Salz, Pfeffer
	Filets und Zesten von
2	unbehandelten Orangen (300 g)
8	Wachteleier (95 g)
1 TL	Öl (5 g) zum Einpinseln der Pfanne
	Kerbel für die Garnitur
	feines Salz
	schwarzer Pfeffer aus der Mühle

FÜR 4 PERSONEN

VORSPEISEN

NÄHRWERT PRO PORTION
ca. **360 kcal** Energie
1,1 BE Broteinheiten

VORSPEISEN

Kohlrabischaumsüppchen
mit gekräuterten Poulardenspießen

● Die Kohlrabiblätter in feine Streifen schneiden und als Garnitur für die Suppe beiseitestellen.

● Den geschälten Kohlrabi in Würfel schneiden und mit den Schalottenwürfeln und dem gehackten Knoblauch in der heißen Butter anschwitzen. Mit dem Geflügelfond ablöschen, kurz kochen lassen und mit der Brühe und der Sahne auffüllen. Ca. 20 Minuten kochen lassen.

● Nun die Thymianblätter beigeben und mit Salz und Pfeffer würzen.

● Das Ganze mit einem Mixstab fein pürieren und durch ein Sieb passieren. Einmal aufkochen lassen und kurz vor dem Anrichten nochmals mit der geschlagenen Sahne aufmixen.

● Die Brösel zusammen mit den Kräutern in einer Küchenmaschine zermahlen oder die Kräuter mit einem sehr scharfen Messer fein schneiden und mit den Bröseln vermengen.

● Das Fleisch waschen, trockentupfen und der Länge nach in ca. 8 gleichmäßig große Streifen schneiden. Mit Salz und Pfeffer aus der Mühle würzen. Anschließend zuerst in Mehl, dann in verquirltem Ei und zum Schluss in den Kräuterbröseln wälzen.

● Das Fleisch gerade und der Länge nach aufspießen und von beiden Seiten 4–5 Minuten in dem erhitzten Rapsöl anbraten. Mit Küchenpapier kurz abtupfen und jeweils 2 Spieße zu dem aufgeschäumten Kohlrabischaumsüppchen reichen und mit dem beiseitegestellten Kohlrabigrün garnieren.

SUPPE

	Blätter vom Kohlrabi
500 g	Kohlrabi, geschält
2	Schalotten (60 g), in kleine Würfel geschnitten
1	Knoblauchzehe, gehackt
20 g	Butter
600 ml	Geflügelfond
150 ml	fettreduzierte Sahne (15 % Fett)
1 TL	Thymianblätter
	Salz, Pfeffer aus der Mühle
4 EL	geschlagene, fettreduzierte Sahne (21 % Fett, 40 g)

SPIESSE

150 g	Brösel
40 g	geputzte Frühlingskräuter (z. B. Thymian, Blattpetersilie, Estragon, Kerbel)
250 g	Poulardenbrust, ohne Haut und Knochen
	Salz, Pfeffer aus der Mühle
50 g	Mehl
1	Ei, verquirlt
1 TL	Rapsöl (5 g)

FÜR 4 PERSONEN

VORSPEISEN

NÄHRWERT PRO PORTION
ca. **433 kcal** Energie
2,5 BE Broteinheiten

37

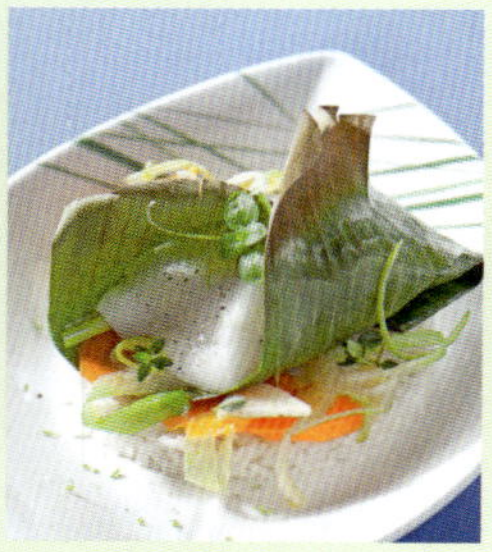
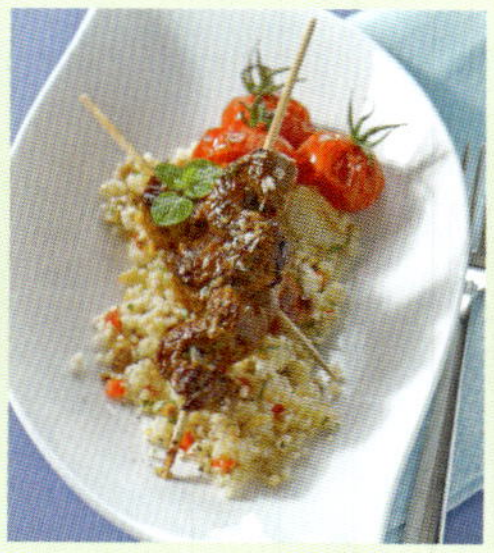
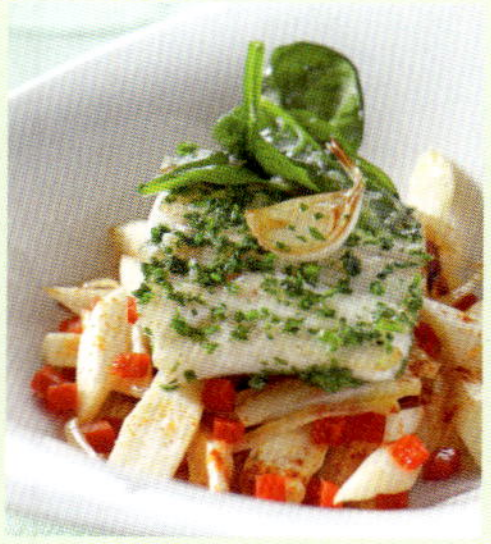
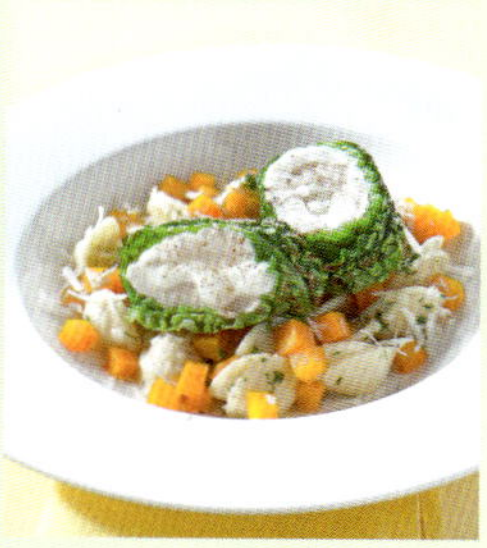
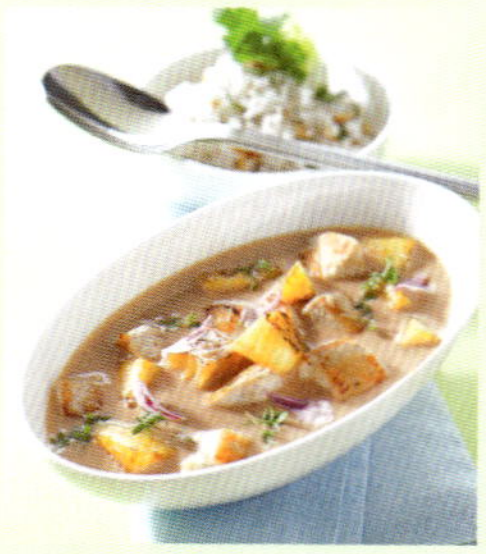
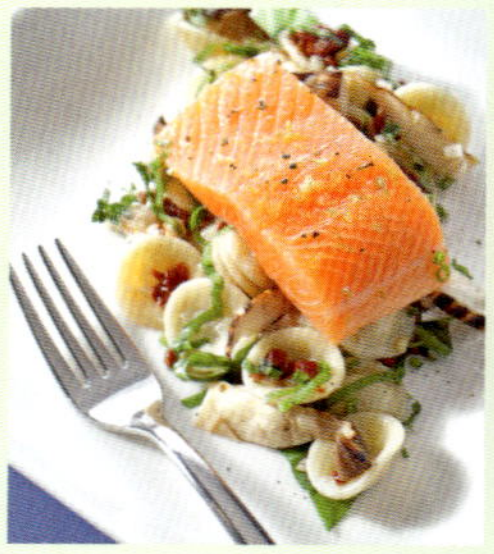

Haupt-speisen

HAUPTSPEISEN

Heilbutt
im Bananenblatt gegart

● Heilbutt waschen und trockentupfen, in 4 gleich große Stücke teilen und nebeneinander in eine flache Schale legen. Sojasauce, Limettensaft, Chili und Ingwer darüber verteilen und zugedeckt im Kühlschrank mindestens 6 Stunden marinieren.

● Karotten und Petersilienwurzel schälen, Lauch waschen, das Gemüse in dünne Scheiben schneiden bzw. hobeln und vermischen. Bananenblätter in etwa 20 x 30 cm große Stücke schneiden und diese kurz auf die Herdplatte legen, bis sie anfangen zu glänzen. Dadurch werden die Blätter elastischer und reißen nicht beim Einpacken der Fischstücke.

● Den Heilbutt aus der Marinade nehmen und je ein Filetstück mit etwa einem Viertel der Gemüsemischung auf ein Bananenblatt legen. Etwas Marinade darufträufeln, mit Salz, Pfeffer und Chili aus der Gewürzmühle würzen. Je 2 Limettenscheiben auf jedes Filetstück legen und den Fisch in die Blätter einpacken. Den Ofen auf 120 °C (Ober-/Unterhitze) vorheizen. Die Bananenblätterpäckchen nebeneinander auf ein Backblech legen und für etwa 10 – 12 Minuten in den heißen Backofen schieben.

● Reis mit dem kalten Wasser und dem Salz in einen Topf geben, aufkochen lassen und bei reduzierter Hitze etwa 12 – 14 Minuten unter gelegentlichem Umrühren garen. Die Fischpäckchen mit dem gegarten Reis servieren und ggf. mit Salz und Pfeffer abschmecken.

HEILBUTT
- **700 g** Heilbutt, ohne Haut und Gräten
- **4 EL** Sojasauce
- Saft von **1** Limette (30 - 40 ml)
- **1** Chilischote, in kleine Würfel geschnitten
- **50 g** Ingwer, in dünne Scheiben geschnitten

GEMÜSEMISCHUNG
- **3** Karotten (450 g)
- **3** Petersilienwurzeln (300 g)
- **1 Stange** Lauch (150 g)
- Bananenblätter aus dem Asialaden
- Salz, Pfeffer, Chili aus der Mühle
- **1** Limette, in 8 Scheiben geschnitten

REIS
- **1 Tasse** Duftreis (200 g)
- **2,5 Tassen** Wasser
- **1 Prise** Salz

FÜR 4 PERSONEN

HAUPTSPEISEN

NÄHRWERT PRO PORTION
ca. 438 kcal Energie
3,3 BE Broteinheiten

HAUPTSPEISEN

Mit Tandoori Marsala marinierte
Roastbeef-Saté-Spieße,
Pinienkern-Couscous
und Koriander-Kirschtomaten

● Saté-Spieße ca. 5–10 Minuten in kaltem Wasser einweichen.

● Das Roastbeef in 2 cm breite und ca. 10–15 cm lange Streifen schneiden.

● Alle übrigen Zutaten zu einer Marinade verrühren, die Roastbeefstreifen damit einreiben und mindestens 30 Minuten ziehen lassen.

● Anschließend die Scheiben ziehharmonikaartig aufspießen, in einer heißen Pfanne mit Rapsöl ca. 2–3 Minuten von jeder Seite braten und zum Schluss mit Salz und Pfeffer würzen.

● Geflügelfond aufkochen und auf den Couscous gießen. Pinienkerne rösten und anschließend mit den Rosinen kleinhacken. Das Ganze zu dem Couscous geben und mit etwas Salz, Pfeffer, eine Prise Zucker, Olivenöl und Limettensaft abschmecken.

● Kirschtomaten waschen und den Stielansatz entfernen. Zusammen mit Thymian, Knoblauchzehe, Korianderkörnern und Salz in einen heißen Topf mit Rapsöl geben und so lange garen, bis sich die Schale zu lösen beginnt. Anschließend weitere 5 Minuten mit den Aromazutaten ziehen lassen. Die fertigen Tomaten herausnehmen und mit frischem Koriander bestreuen. Den Pinienkern-Couscous mittig platzieren, Saté-Spieße anlehnen und die Koriander-Kirschtomaten dazulegen.

ROASTBEEF

8	Saté-Spieße
500 g	Roastbeef, ohne Fett und Sehnen
2 EL	Olivenöl (20 g)
1 EL	Tandoori Marsala (indische Gewürzmischung)
1 EL	Honig (10 g)
1 EL	helle Sojasauce
1 EL	Rapsöl (10 g)
	Salz, Pfeffer

PINIENKERN-COUSCOUS

200 ml	Geflügelfond
100 g	Couscous
40 g	Pinienkerne
20 g	Rosinen
	Salz, Pfeffer
1 Prise	Zucker
1 TL	Olivenöl (5 g)
	Saft von
1	Limette (30–40 ml)

KORIANDER-KIRSCHTOMATEN

8	Kirschtomaten (80 g)
1	Thymianzweig
1	Knoblauchzehe, geschält und angedrückt
5	Korianderkörner
1 Prise	grobes Salz
1 EL	Rapsöl (10 g)
3 EL	frischer Koriander, fein gehackt

FÜR 4 PERSONEN

HAUPTSPEISEN

NÄHRWERT PRO PORTION
ca. 473 kcal Energie
1,8 BE Broteinheiten

HAUPTSPEISEN

Zanderfilet *auf der Haut gebraten*
mit Spargel-Paprika-Gemüse
und jungem Babyspinat

● Paprikaschoten halbieren, Kerne entfernen und in kleine Würfel schneiden.

● Spargel schälen, die holzigen Enden abschneiden und die Stangen in ca. 3 cm lange Stücke teilen.

● Zwiebel schälen, in feine Streifen schneiden und zusammen mit den Spargelstücken in dem heißen Rapsöl in einem breiten Topf 3 – 4 Minuten anschwitzen. Paprikapulver darüberstäuben, den Fischfond zugeben und alles zugedeckt bei mittlerer Hitze etwa 15 Minuten garen lassen.

SPARGEL-PAPRIKA-GEMÜSE

3	Paprikaschoten, rot (450 g)
500 g	weißer Spargel, möglichst dicke Stangen
1 große	Zwiebel (100 g)
1 TL	Rapsöl (5 g)
1 EL	Paprikapulver, edelsüß
1 TL	Paprikapulver, rosenscharf
400 ml	Fischfond
1 TL	Speisestärke (5 g), in kaltem Wasser angerührt
1 TL	Rapsöl (5 g)
	Salz, Pfeffer
1,5 EL	Petersilie, gehackt

● Zanderfilet waschen, trockentupfen und in einzelne Tranchen teilen. Mit Salz, Pfeffer und Zitronensaft würzen und in dem heißen Rapsöl zusammen mit Kräutern und Knoblauch in einer beschichteten Pfanne auf der Hautseite etwa 5 Minuten braten. Dann die Fischstücke wenden, auf der zweiten Seite eine weitere Minute braten, die Pfanne vom Herd nehmen und im Ofen bei 100 °C warm stellen.

● Spinat waschen, trockenschleudern und vom Strunk befreien.

● Schalotte schälen und in feine Würfel schneiden. Rapsöl in der Pfanne erhitzen, Schalottenwürfel darin glasig anschwitzen, Spinat zugeben und diesen leicht zusammenfallen lassen. Zum Schluss mit Salz, Pfeffer und Muskat abschmecken.

ZANDERFILET

600 g	Zanderfilet, mit Haut und ohne Gräten
	Salz, Pfeffer
	Saft von
1	Zitrone (50 ml)
1 TL	Rapsöl (5 g)
2	Thymianzweige
1	Rosmarinzweig
2	Knoblauchzehen, angedrückt

● Spargel-Paprika-Gemüse mit etwas Speisestärke binden, mit Rapsöl verfeinern, mit Salz und Pfeffer kräftig abschmecken, Petersilie untermischen und zusammen mit dem Babyspinat zu dem gebratenen Zander servieren.

BABYSPINAT

200 g	Babyspinat
½	Schalotte (15 g)
1 TL	Rapsöl (5 g)
	feines Salz, schwarzer Pfeffer aus der Mühle
	Muskat aus der Mühle
1,5 EL	Petersilie, gehackt

FÜR 4 PERSONEN

HAUPTSPEISEN

NÄHRWERT PRO PORTION
ca. **245 kcal** Energie
0 BE Broteinheiten

HAUPTSPEISEN

Gefüllte Maispoularde im Wirsingmantel
auf gekräuterten Orecchiette
und süß-saurem Kürbis

MAISPOULARDE

4	große Wirsingblätter (120 g)
	Salz
80 g	Mozzarella
4	Maispoulardenbrüste à 200–250 g, ohne Haut und Knochen
	feines Salz
	schwarzer Pfeffer aus der Mühle
	Zahnstocher
2,5 EL	Rapsöl (25 g)
1	Knoblauchzehe, angedrückt
2	Thymianzweige

ORECCHIETTE

2	Schalotten (60 g), geschält
1,5 EL	Rapsöl (15 g)
150 g	Orecchiette (kreisrunde „Öhrchen"-Nudeln)
400 ml	Geflügelfond
	feines Salz
	Chili aus der Mühle
2 EL	Kräuter, gemischt, z. B. Blattpetersilie, Kerbel, Estragon, grob geschnitten
30 g	Parmesan, gehobelt

KÜRBIS

50 ml	weißer Balsamico
1 TL	Akazienhonig (5 g)
2	Gewürznelken
2	Thymianzweige
4	schwarze Pfefferkörner
100 ml	Geflügelfond
300 g	Muskatkürbis
1 TL	Honig (5 g)
	feines Salz

🟢 Die Wirsingblätter putzen und den mittleren Strunk entfernen, ohne dass die Blätter beschädigt werden. Anschließend in kochendem, gesalzenem Wasser blanchieren und in eiskaltem Wasser herunterkühlen. Danach die Blätter zwischen Küchenkrepp legen und abtupfen, anschließend mit einem Nudelholz oder einer Flasche platt ausrollen.

🟢 Den Mozzarella in dünne Scheiben schneiden.

🟢 In die Maispoulardenbrüste vorsichtig mittig eine Tasche schneiden und mit Mozzarella füllen. Das Fleisch mit Salz und Pfeffer würzen und jeweils eng in ein Wirsingblatt rollen. Die Seiten einschlagen und mit Zahnstochern fixieren.

🟢 Das Rapsöl in der Pfanne erhitzen und die Maispoularden bei mittlerer Hitze 6–8 Minuten von jeder Seite braten. Nach dem Wenden den Knoblauch und die Thymianzweige zugeben und mitbraten.

🟡 Die Schalotten in feine Streifen schneiden und im erhitzten Öl glasig braten. Die Nudeln zugeben und kurz mit anschwitzen, dann nach und nach Fond zugeben. Dabei gelegentlich rühren und die Nudeln bissfest garen.

🟡 Mit Salz und Chili abschmecken, mit den Kräutern verfeinern und zum Schluss den gehobelten Parmesan darüberstreuen.

🟠 Den Balsamico zusammen mit dem Honig, den Nelken, den Thymianblättchen, den Pfefferkörnern und dem Geflügelfond aufkochen und abgedeckt ca. 10 Minuten ziehen lassen. Anschließend den Sud durch ein Sieb laufen lassen und auffangen.

🟠 Den Kürbis schälen, putzen und in kleine Würfel schneiden.

🟠 Den Honig in einer Pfanne etwas erwärmen, den Kürbis zugeben und leicht karamellisieren lassen. Den Sud zugeben und den Kürbis darin garen, bis er noch bissfest und der Sud fast aufgebraucht ist. Mit Salz abschmecken.

🟠 Zum Anrichten die gefüllte Poulardenbrust in Tranchen schneiden und auf die mittig platzierten Nudeln legen. Das Kürbisgemüse rundherum auf dem Teller verteilen.

FÜR 4 PERSONEN

HAUPTSPEISEN

NÄHRWERT PRO PORTION
ca. 558 kcal Energie
2,4 BE Broteinheiten

HAUPTSPEISEN

Thailändisches Hühnchen-Curry in Kokosrahm

- Hähnchenbrustfilet waschen, trockentupfen und in Stücke schneiden. Ananas sorgfältig schälen, vierteln, harten Strunk wegschneiden. Fruchtfleisch ebenfalls in mundgerechte Stücke schneiden.

- Sesamöl in einem Wok erhitzen und darin das Hühnerfleisch ca. 2 Minuten scharf anbraten. Ananasstücke und Currypaste unterrühren. Kokosmilch dazugießen und bei reduzierter Hitze weitere 5 Minuten köcheln lassen.

- Speisestärke mit Fischsoße verrühren, zum Hühnchen-Curry geben und es damit leicht binden.

- Reis mit 400 ml kaltem Wasser und einer Prise Salz in einen Topf geben, aufkochen lassen und bei reduzierter Hitze etwa 12 – 14 Minuten unter gelegentlichem Umrühren garen.

- Das Hühnchen-Curry mit Salz abschmecken. Den Reis mit gehackten Erdnüssen und Koriander bestreuen und zum Curry servieren.

HÜHNCHEN-CURRY

600 g	Hähnchenbrustfilet
1	Baby-Ananas (ca. 200 g)
2 EL	Sesamöl (20 g)
500 ml	ungesüßte Kokosmilch
1–2 TL	rote Curry-Paste (Asialaden)
1 TL	Speisestärke (5 g)
3 EL	Thailändische Fischsoße (Asialaden)
200 g	Thai-Duftreis oder Basmatireis
1 Prise	Salz
20 g	geröstete Erdnüsse zum Bestreuen
	Korianderblätter zum Bestreuen

FÜR 4 PERSONEN

HAUPTSPEISEN

NÄHRWERT PRO PORTION
ca. 447 kcal Energie
3,8 BE Broteinheiten

HAUPTSPEISEN

Rotfleischige Forelle
aus dem Aromadampf mit Kräuterseitlingen
und Bärlauch-Orecchiette

FORELLE IM AROMASUD

4	rotfleischige Forellenfilets à ca. 100 – 120 g, küchenfertig
400 ml	Fischfond
1	unbehandelte Limette (100 g), in Scheiben geschnitten
2	Lorbeerblätter
1	Chilischote, fein geschnitten
30 g	Ingwer, geschnitten
3	Schalotten (90 g), fein geschnitten
	Salz, Pfeffer
30 g	Kräuter gemischt: Dill, Petersilie, Sauerampfer, Kerbel, Borretsch, Schnittlauch
	Salz

BÄRLAUCH-ORECCHIETTE

400 g	Orecchiette (kreisrunde „Öhrchen"-Nudeln)
	Salz
50 g	Bärlauch, gewaschen
2	Schalotten (60 g), in Streifen geschnitten
1 TL	Rapsöl (5 g)
4	halbe getrocknete Tomaten (ca. 20 g), in Würfel geschnitten, ohne Öl
	Saft von
½	Limette (15 – 20 ml)
100 ml	Geflügelfond
	Salz
	Chili aus der Mühle

KRÄUTERSEITLINGE

300 g	Kräuterseitlinge (Pilzsorte)
2	Schalotten (60 g)
2	junge Knoblauchzehen
2 TL	Rapsöl (10 g)
3 EL	Thymianblättchen
	Salz, Pfeffer
1 EL	Blattpetersilie, fein geschnitten

🟠 Die Forellenfilets waschen und trockentupfen.

🟠 Fischfond, Limettenscheiben und Lorbeerblätter zum Kochen bringen. Chilischote, Ingwer und Schalotten zugeben und abermals aufkochen. Die Filets mit Salz und Pfeffer würzen, in den Einsatz des Dämpftopfes legen, auf den leicht köchelnden Sud geben und mit einem Deckel verschließen. Den Fisch je nach Dicke ca. 12 – 15 Minuten bei ca. 55 – 60 °C über dem Aromadampf garen.

🟠 In dieser Zeit die verschiedenen Kräuter ganz fein hacken. Wenn die Forellenfilets gar sind, in den feingehackten Kräutern wenden und in Scheiben schneiden. Zum Schluss mit Salz verfeinern, 100 ml des Aromasuds reservieren.

🟢 Die Nudeln in reichlich Salzwasser bissfest garen.

🟢 Den Bärlauch in sehr feine Streifen schneiden.

🟢 Schalotten in Rapsöl glasig anschwitzen und die Tomaten zugeben. Anschließend die Nudeln ebenfalls zugeben und einige Minuten mitschwenken. Limettensaft und Geflügelfond zugeben und die Orecchiette in ca. 12 – 15 Minuten bissfest garen. Zum Schluss den Bärlauch hineingeben und alles mit Salz und Chili abschmecken.

🟤 Pilze je nach Verschmutzung mit einem Pinsel säubern oder waschen und in gleichmäßig große Würfel schneiden.

🟤 Schalotten und Knoblauch schälen und fein würfeln.

🟤 Die Pilze in dem heißen Rapsöl anbraten, dabei 1/3 der Pfanne frei lassen, damit die Pilze genug Röstfläche haben. Schalotten, Knoblauch und Thymian zugeben, mit dem reservierten Aromasud ablöschen und dann mit Salz sowie Pfeffer würzen, zum Schluss die Petersilie dazugeben. Zum Anrichten den Fisch mittig auf die Bärlauch-Orecchiette legen, die Kräuterseitlinge darum herum verteilen.

FÜR 4 PERSONEN

HAUPTSPEISEN

NÄHRWERT PRO PORTION
ca. 554 kcal Energie
5,8 BE Broteinheiten

51

HAUPTSPEISEN

Mariniertes Schweinefilet
auf Sesamreis

Thymianblättchen und Rosmarinnadeln hacken, Chilischote und Knoblauch fein würfeln. Alles mit dem Pfeffer vermischen.

Das Schweinefilet mit dem Olivenöl einreiben und mit der Gewürzmischung bestreuen. Alles in einen Gefrierbeutel geben und für mindestens 30 Minuten bei Zimmertemperatur marinieren (am besten jedoch über Nacht im Kühlschrank).

Das marinierte Schweinefilet in einer Pfanne in heißem Sesamöl von allen Seiten anbraten, auf ein mit Alufolie ausgelegtes Backblech geben und im vorgeheizten Backofen bei ca. 120 °C 15 – 20 Minuten garen. Danach in 4 gleich große Medaillons schneiden und in derselben Pfanne 1 – 2 Minuten kurz nachbraten.

Den Reis unter fließendem Wasser abspülen, zusammen mit dem Geflügelfond und einer Prise Salz in den Reiskocher geben und darin bissfest garen.

Die Sesamkörner ohne Fett in einer Pfanne rösten, unter den fertig gegarten Reis mischen und alles mit etwas Sesamöl verfeinern.

Zuckerschoten und Karottenstreifen in dem heißen Sesamöl kurz anbraten. Das Schweinefilet auf dem Reis anrichten. Die gebratenen Gemüsestreifen darum herum anrichten und rasch servieren.

MARINIERTES SCHWEINEFILET

1 TL	Thymianblättchen
1 TL	Rosmarinnadeln
½	rote Chilischote, ohne Kerne
1	Knoblauchzehe
1 TL	Pfeffermischung „Mélange noir" (von Ingo Hollands „Altem Gewürzamt", Alternative: zerstoßener schwarzer Pfeffer
600 g	Schweinefilet, küchenfertig
1 EL	Olivenöl (10 g)
2 EL	Sesamöl (20 g)

SESAMREIS

100 g	Basmati-Reis
300 ml	Geflügelfond
1 Prise	Salz
2 EL	Sesam, hell (20 g)
1 EL	Sesamöl (10 g)
60 g	Zuckerschoten, in feine Streifen geschnitten
1	kleine Karotte (100 g), geschält und in feine Streifen geschnitten
1 EL	Sesamöl (10 g)

FÜR 4 PERSONEN

HAUPTSPEISEN

NÄHRWERT PRO PORTION
ca. 409 kcal Energie
1,7 BE Broteinheiten

HAUPTSPEISEN

Mariniertes Lammrückenfilet
mit Zitronenthymian
und Oliven-Stampfkartoffeln

LAMMFILET

400 g	Lammfleisch, vom Rücken (Filet)
30 g	frischer Ingwer, fein gewürfelt
2	Knoblauchzehen, fein gewürfelt
2	Schalotten (60 g), in Streifen geschnitten
50 ml	Sojasauce
1 TL	Zucker
½	Chilischote, fein gewürfelt
50 g	Zuckerschoten
1 kleiner	Spitzkohl (300 g)
80 g	Shiitake-Pilze
50 g	Karotten
1	Paprikaschote, rot (150 g)
3 EL	Erdnussöl (30 g)
100 ml	Lammfond
	Salz, Pfeffer
	Chili aus der Mühle
1 EL	Zitronenthymian, gezupft

OLIVEN-STAMPFKARTOFFELN

500 g	Kartoffeln, mehlig kochend
100 ml	Milch (1,5 % Fett)
	Salz, Pfeffer
	Muskat
1 EL	schwarze Olivenpaste
3 EL	Olivenöl (30 g)
	Salz, Pfeffer
1 EL	Schnittlauch, in feine Röllchen geschnitten

● Das Fleisch waschen und trockentupfen.

● Ingwer, Knoblauchzehen, Schalotten, Sojasauce, Zucker und Chilischote in einer Schüssel gut vermischen. Marinade und Fleisch in einen Gefrierbeutel geben und ca. 1 Stunde ziehen lassen.

● Gemüse putzen und waschen. Karotten und Paprikaschote schälen und alle Gemüsesorten in feine Streifen schneiden, von den Pilzen den Strunk entfernen und den Pilzhut in 4 – 6 Stücke teilen.

● Das Fleisch aus der Marinade nehmen und abtupfen. Erdnussöl in einer Pfanne erhitzen. Das Fleisch von allen Seiten anbraten und auf ein mit Alufolie ausgelegtes Backblech legen und im Backofen bei 120 °C ca. 12 – 15 Minuten rosa garen. Anschließend die Backofentüre öffnen und weitere 5 Minuten ruhen lassen. Nun in derselben Pfanne Karotten, Spitzkohl, Paprika, Zuckerschoten und Shiitake-Pilze heiß anbraten.

● Das Gemüse mit der restlichen Marinade ablöschen, eventuell etwas Lammfond angießen. Mit Pfeffer und Chili aus der Gewürzmühle abschmecken. Zum Schluss den Zitronenthymian zugeben.

● Kartoffeln waschen, schälen, vierteln, in den Einsatz eines Dämpftopfes geben und darin weich garen.

● Milch aufkochen und mit Salz, Pfeffer und Muskat abschmecken.

● Die Kartoffeln heiß in der Milch stampfen und Olivenpaste und Olivenöl einrühren. Eventuell nochmals mit Salz und Pfeffer abschmecken und die Schnittlauchröllchen untermischen.

● Das Püree portionsweise mittig auf die Teller geben, das Gemüse darauf verteilen. Den Lammrücken in 4 gleich große Stücke schneiden und jeweils ein Stück auf dem Gemüse anrichten.

FÜR 4 PERSONEN

HAUPTSPEISEN

NÄHRWERT PRO PORTION
ca. **393 kcal** Energie
1,8 BE Broteinheiten

Pochiertes Kalbsfilet
im Kräutermantel
mit Pfifferlingrahm

- Kräuter abbrausen, trockenschütteln, Blätter von den Stielen zupfen und fein hacken.

- Kalbsfilet rundum kräftig mit Salz und Pfeffer würzen, mit 1 EL Olivenöl einreiben. Dann in den gehackten Kräutern wälzen, so dass diese das Filet gleichmäßig ummanteln. Zuerst in Frischhaltefolie, danach straff in Alufolie wickeln.

- Eingepacktes Filet in siedendes Wasser (etwa 80 °C heiß) geben und darin etwa 20 Minuten garen. Anschließend aus dem Wasser nehmen und etwa 5 Minuten ruhen lassen.

- In der Zwischenzeit Pfifferlinge gründlich putzen. Schalotten schälen, fein würfeln und in dem Olivenöl anschwitzen. Pfifferlinge zugeben, kurz mitdünsten, mit Fond ablöschen und mit Sahne auffüllen. Die Sauce etwas einkochen lassen, Butter stückchenweise unterrühren, mit Salz und Pfeffer abschmecken.

- Kalbsfilet aus der Folie wickeln, in etwa 3 cm breite Stücke schneiden. Mit der Pilzsauce servieren. Dazu passen gekochte Nudeln.

POCHIERTES KALBSFILET

50 g	gemischte Kräuter, z. B. Petersilie, Kerbel, Estragon, Bärlauch, Dill
500 g	Kalbsfilet, ohne Haut und Sehnen
	Salz und Pfeffer
1 EL	Olivenöl (10 g)

PFIFFERLINGRAHM

400 g	Pfifferlinge
2	Schalotten (60 g)
1 EL	Olivenöl (10 g)
200 ml	Kalbsfond
100 ml	fettreduzierte Sahne, 15 % Fett
50 g	kalte Halbfettbutter

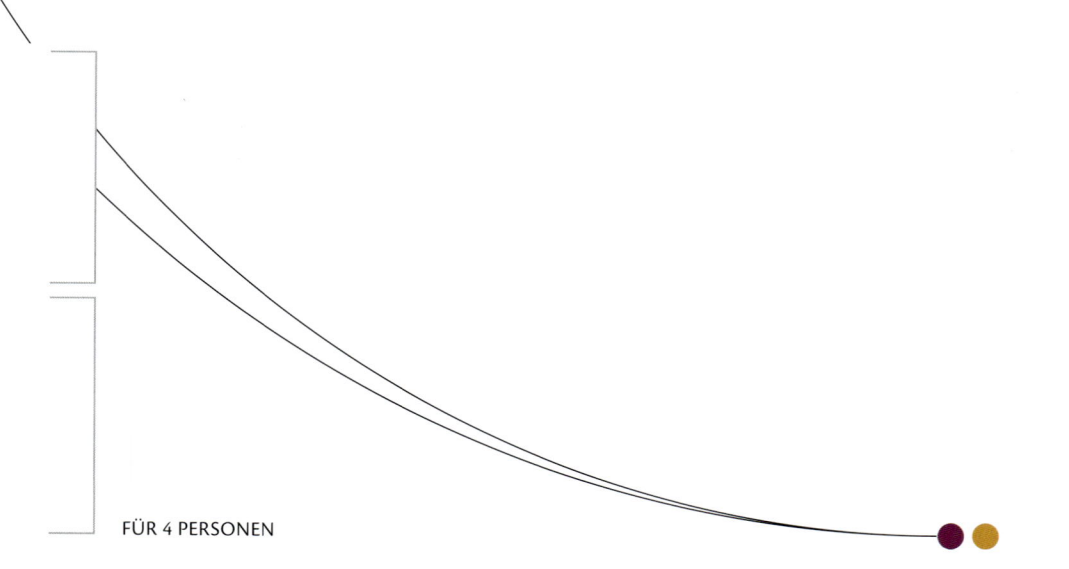

FÜR 4 PERSONEN

HAUPTSPEISEN

NÄHRWERT PRO PORTION
ca. 245 kcal Energie
0 BE Broteinheiten

HAUPTSPEISEN

Gratinierter Lachs
mit Meerrettichkruste
auf Kräutercreme

● Toastbrot in Würfel schneiden und in einer Küchenmaschine fein zermahlen. Margarine mit Meerrettich und Zitronensaft gründlich verrühren. Gemahlenes Toastbrot zufügen und unterheben. Masse mit Salz und Pfeffer abschmecken.

● Kräuter abbrausen, trockenschleudern. Blätter von den Stielen zupfen und zusammen mit Joghurt, Mayonnaise und Senf in einem Mixer fein pürieren. Die Creme mit Salz, Cayennepfeffer und Limonensaft abschmecken.

● Lachsfilets waschen, trockentupfen, mit Salz und Pfeffer würzen. Masse für die Meerrettichkruste gleichmäßig dünn auf das Fischfilet streichen. Backofengrill auf höchster Stufe vorheizen.

● Bestrichenes Lachsfilet auf ein geöltes Backblech legen und im Ofen auf der untersten Einschubleiste in etwa 10 – 12 Minuten gratinieren. Anschließend das Filet, am besten mit einem Elektromesser, in vier gleich große Stücke schneiden.

● Gekochte Kartoffeln halbieren und in heißem Rapsöl schwenken. Mit Meersalz und Pfeffer würzen. Lachsstücke mit den Kartoffeln auf der Kräutercreme anrichten. Nach Wunsch einige frische Kräuter zum Garnieren verwenden.

GRATINIERTER LACHS

2	Scheiben Toast (50 g)
50 g	Halbfettmargarine
2 EL	Meerrettichpaste, aus dem Glas
½	Saft von einer Zitrone (25 ml)
	Salz, Pfeffer
600 g	Lachsfilet am Stück, ohne Haut und Gräten
300 g	kleine, gekochte Kartoffeln
2 EL	Rapsöl (20 g)
	Meersalz
	Pfeffer aus der Mühle

KRÄUTERCREME

80 g	gemischte Kräuter: Petersilie, Kerbel, Estragon, Schnittlauch, Kresse, Dill, Sauerampfer
150 g	Joghurt, 1,5 % Fett
3 EL	Mayonnaise, fettreduziert (30 g)
1 TL	Senf
	Salz, Cayennepfeffer
1	Saft von Limone (30 – 40 ml)

FÜR 4 PERSONEN

HAUPTSPEISEN

NÄHRWERT PRO PORTION
ca. **492 kcal** Energie
1,5 BE Broteinheiten

HAUPTSPEISEN

Gegrillte Maispoulardenbrust
mit Grapefruit-Tomaten-Salat
und Vanille-Limonen-Dressing

🟢 Von einer Limone die Schale abschälen und möglichst fein schneiden. Alle Früchte halbieren und den Saft auspressen.

🟢 Limonensaft zusammen mit Honig und Vanillemark bei mittlerer Hitze etwa 2 Minuten köcheln lassen, in eine Schüssel geben, mit Olivenöl verrühren und mit Salz und Pfeffer würzen.

🔴 Zwiebel schälen und in Streifen schneiden. Grapefruit und Orange so schälen, dass die gesamte weiße Haut entfernt ist. Tomaten waschen, Stielansatz entfernen und die Tomaten schälen – dafür kurz in kochendes Wasser geben, in Eiswasser abschrecken, Haut abziehen. Tomaten, Grapefruit und Orange in dünne Scheiben schneiden, evtl. nochmals halbieren und alles zusammen mit den Zwiebeln unter das Dressing mischen.

🟠 Maispoulardenbrüste im heißen Rapsöl von beiden Seiten goldgelb anbraten, Kräuter und Knoblauch zugeben. Alles auf ein mit Alufolie ausgelegtes Backblech geben und bei 120 °C etwa 15 – 20 Minuten garen. Mit Salz und Pfeffer würzen.

🟠 Die feinen Salate waschen, putzen und trockenschleudern. Die Maispoulardenbrüste in Tranchen schneiden, mit Blattsalaten und Grapefruitsalat anrichten. Zum Schluss mit dem restlichen Dressing beträufeln und servieren.

VANILLE-LIMONEN-DRESSING

3	Limonen, unbehandelt (300 g)
1 EL	Vanillehonig (10 g), Alternative: Akazienhonig
	Mark von
½	Vanilleschote
2 EL	Olivenöl (20 g)
	Salz, Pfeffer

GRAPEFRUIT-TOMATEN-SALAT

1	rote Zwiebel (60 g)
1	rosa Grapefruit (200 g)
1	Orange (150 g)
4	Tomaten (400 g)

GEGRILLTE MAISPOULARDENBRÜSTE

4	Maispoulardenbrüste à ca. 160 g
1 ½ EL	Rapsöl (15 g)
2	Thymianzweige
2	Rosmarinzweige
1	Knoblauchzehe
	Salz, Pfeffer
100 g	feine Blattsalate (z. B. Rucola, Friséesalat, Feldsalat, Portulak etc.)

FÜR 4 PERSONEN

HAUPTSPEISEN

NÄHRWERT PRO PORTION
ca. 565 kcal   Energie
0,6 BE   Broteinheiten

HAUPTSPEISEN

Wurzelgemüse „Pot au feu" mit Schweinefilet

🟠 Karotten, Staudensellerie und Petersilienwurzel schälen und in Stücke schneiden. Lauch putzen, waschen und in Scheiben schneiden. Die Radieschen waschen und putzen.

🟠 Bouillon zum Kochen bringen. Karotten, Staudensellerie, Petersilienwurzel und Radieschen in die Bouillon geben und bei mittlerer Hitze etwa 5 Minuten köcheln lassen.

🟠 Das Schweinefilet in die Bouillon geben und alles weitere 10 Minuten garen. Etwa 2 Minuten vor Ende der Garzeit den Lauch zufügen.

🟠 Filet aus der Bouillon nehmen und 5 Minuten ruhen lassen. Dann das Fleisch in Scheiben schneiden, salzen und pfeffern und mit dem Gemüse und der Bouillon in tiefen Tellern anrichten.

WURZELGEMÜSE „POT AU FEU"

- **3** junge Karotten (450 g)
- **2** Stangen Staudensellerie (300 g)
- **2** Petersilienwurzeln (200 g)
- **½** Stange Lauch (75 g)
- **8** kleine Radieschen (60 g)
- **750 ml** Fleischbouillon
- **600 g** Schweinefilet
- Salz, Pfeffer

FÜR 4 PERSONEN

HAUPTSPEISEN

NÄHRWERT PRO PORTION
ca. 237 kcal Energie
0 BE Broteinheiten

63

HAUPTSPEISEN

Schweinefilet
mit Mie-Nudeln aus dem Wok

● Die Schweinefiletstreifen mit Sojasauce, Sesamöl, Curry, Salz und frisch geriebenem Ingwer gut marinieren und mit der Speisestärke bestäuben. Etwas Sesamöl in einem Wok erhitzen und die Schweinefiletstreifen darin kross anbraten, wieder aus dem Wok nehmen.

● Erneut Sesamöl in den Wok geben und nacheinander Paprika, Sojasprossen und Lauch darin anbraten. Gemüse nun mit den Schweinefiletstreifen mischen.

● Die Nudeln kochen, abschütten und in den Wok geben. Das Ganze mit Salz, Pfeffer und Chili würzen, Korianderkraut zugeben und servieren.

SCHWEINEFILET MIT MIE-NUDELN

400 g	Schweinefilet, in feine Streifen geschnitten
2 EL	Sojasauce
2 EL	Sesamöl (20 g)
1 TL	Curry
	Salz
30 g	Ingwer, geschält
2 EL	Speisestärke (20 g)
8 EL	Sesamöl (80 ml)
60 g	Frühlingslauch in feinen Ringen
60 g	Sojasprossen
je ½	rote Paprika, gelbe Paprika (je 75 g), geschält und in Streifen geschnitten
300 g	Mie-Nudeln, roh
	Salz, Pfeffer
	Chili aus der Mühle
2 EL	Korianderkraut, gehackt

FÜR 4 PERSONEN

HAUPTSPEISEN

NÄHRWERT PRO PORTION
ca. **643 kcal** Energie
4,7 BE Broteinheiten

65

HAUPTSPEISEN

Gedämpfter Zitronensaibling mit buntem Erdnussreis

🟡 Schalotten und Knoblauch schälen, halbieren und mit dem Thymian in einem Topf mit Dämpfeinsatz in heißem Öl anschwitzen. Den Fischfond angießen, den Dämpfeinsatz darübersetzen und mit den Zitronenscheiben belegen. Die Saiblingfilets daraufgeben und zugedeckt bei 70–75 °C (Thermometer gelegentlich überprüfen) etwa 10–12 Minuten dämpfen.

🟡 Den Sud aus dem Dämpftopf durch ein Sieb in einen kleinen Topf passieren. Sahne zugeben, einmal aufkochen und mit der in kaltem Wasser angerührten Speisestärke leicht binden. Die Sauce mit Salz, Pfeffer, Zitronenschale und Zitronensaft würzen, 2–3 Minuten gut kochen lassen und anschließend die Sauce warm stellen.

🟤 Das Gemüse waschen, schälen, fein würfeln. Lauch halbieren, waschen und ebenfalls fein würfeln.

🟤 Das Rapsöl in einem Topf erhitzen. Den Reis zusammen mit dem Gemüse darin ca. 3 Minuten andünsten, den Gemüsefond angießen, mit Salz würzen und einmal aufkochen lassen. Die Hitze reduzieren und den Reis bei geschlossenem Deckel ca. 15–20 Minuten quellen lassen.

🟤 Die Erdnüsse grob hacken und unter den Reis mischen.

🟤 Den Reis auf Tellern anrichten. Die Haut der Saiblingfilets abziehen, den Saibling auf den Reis geben und mit der Sauce beträufeln.

ZITRONENSAIBLING

2	Schalotten (60 g)
1	Knoblauchzehe
1	Thymianzweig
2 EL	Rapsöl (20 g)
400 ml	Fischfond
1	Zitrone (150 g), in dünne Scheiben geschnitten
4	Saiblingfilets à 140 g, mit Haut und ohne Gräten
100 ml	fettreduzierte Sahne, 15 % Fett
1 TL	Speisestärke (5 g)
	Salz, Pfeffer
	abgeriebene Schale und Saft (25 ml) von
½	Zitrone, unbehandelt

BUNTER ERDNUSSREIS

1	Karotte (150 g)
2 Stangen	Staudensellerie (300 g)
2	Schalotten (60 g)
½	Stange Lauch (75 g)
2 EL	Rapsöl (20 g)
200 g	Vollkornreis, gewaschen
500 ml	Gemüsefond
	Salz
30 g	Erdnüsse, ungesalzen

FÜR 4 PERSONEN

HAUPTSPEISEN

NÄHRWERT PRO PORTION
ca. **539 kcal** Energie
3,1 BE Broteinheiten

HAUPTSPEISEN

Auf Gemüse gedämpfte Lachsschnitte mit Limettensauce
und Gewürz-Vollkornreis

🟠 Sellerie und Karotten der Länge nach in dünne Scheiben und danach in feine Streifen schneiden. Den Lauch mittig der Länge nach halbieren, quer in drei Teile und dann in feine Streifen schneiden.

🟠 Den Lachs waschen, trockentupfen und mit Zitronensaft, feinem Salz und weißem Pfeffer würzen.

🟠 Das Gemüse miteinander vermengen und auf dem Gareinsatz des Dampfgarers gleichmäßig verteilen. Danach die Lachstranchen darauflegen.

🟢 Schalotten und Knoblauch in grobe Stücke schneiden und im Dampfgarer mit Rapsöl glasig anschwitzen. Zitronenverbene und Thymian zugeben und mit Fischfond und Limettensaft aufgießen.

🟠 Den Gareinsatz mit Lachs und Gemüse in den Dampfgarer stellen, Deckel schließen und den Fisch bei ca. 70–75 °C 8–10 Minuten langsam über dem Limetten-Dampfsud saftig garen.

🟢 Nachdem der Lachs fertig gegart ist, den Limetten-Dampfsud durch ein feines Sieb laufen lassen und mit der Sahne erneut aufkochen. Danach mit Salz und Pfeffer abschmecken und mit Hilfe eines Mixstabs aufschäumen.

🟡 Die Schalotten fein würfeln und ohne Fett mit etwas Honig in einem Topf glasig anschwitzen. Danach Reis, Sternanis, Zimtstange, Lorbeerblatt, Curry und Kurkuma zugeben, kurz mit anschwitzen und mit Geflügelfond auffüllen. Anschließend kurz aufkochen, mit Deckel verschließen und ca. 18–20 Minuten zugedeckt bei geringer Hitze ziehen lassen. Zum Schluss die Gewürze entfernen und mit Salz und Chili aus der Mühle abschmecken.

🟡 Zum Anrichten 3–4 Esslöffel Gewürzreis mittig und kreisrund auf vorgewärmte Teller verteilen und jeweils eine Lachsschnitte mit dem gegarten Gemüse darauflegen. Limettensauce zugeben.

LACHS
150 g	Knollensellerie
150 g	Karotten, ohne Schale
½	Lauchstange, mittelgroß (75 g)
4	Lachstranchen à ca. 80–100 g
	Saft von
½	unbehandelten Zitrone (25 ml)
	feines Salz
	weißer Pfeffer aus der Mühle

LIMETTENSAUCE
2	Schalotten, geschält (60 g)
2	Knoblauchzehen, geschält
1 EL	Rapsöl (10 g)
5 g	Zitronenverbene (Eisenkraut)
2 Zweige	Thymian
250 ml	Fischfond
	Saft von
1	unbehandelten Limette (30–40 ml)
40 ml	fettreduzierte Sahne (max. 15 % Fett)
	Salz, Pfeffer aus der Mühle

REIS
2	Schalotten, geschält (60 g)
1 TL	Honig (5 g)
170 g	Vollkornreis
2	Sternanis
½	Zimtstange
1	Lorbeerblatt
je 1 Msp.	Curry und Kurkuma
300 ml	Geflügelfond
	feines Salz, Chili

FÜR 4 PERSONEN

HAUPTSPEISEN

NÄHRWERT PRO PORTION
ca. **364 kcal**   Energie
2,7 BE   Broteinheiten

HAUPTSPEISEN

Auf Zitronenverbene gegarte Dorade mit Bärlauchcrêpes

und Spargel-Radieschen-Gemüse

DORADE

2	Schalotten (60 g)
2	junge Knoblauchzehen (60 g)
½ TL	Rapsöl (3 g)
4	Zweige Thymian
20 g	getrocknete Zitronen-verbene/Eisenkraut (aus dem Teegeschäft, Bio- oder Reformhaus)
1	unbehandelte Zitrone (150 g)
300 ml	Gemüsefond
4	Zweige Blattpetersilie
4	Doradenfilets à 120 g, küchenfertig, ohne Haut und Gräten
	Salz, Chili aus der Mühle

BÄRLAUCHCRÊPES

50 g	frischer Bärlauch
125 g	Mehl
250 ml	Milch (1,5 % Fett)
2	Eier (Größe M)
	Salz
2 EL	Rapsöl (20 g) zum Ausbacken

GEMÜSE

16	Stangen dünner weißer Spargel (1000 g)
1	Zitrone (150 g), unbehandelt
300 ml	Gemüsefond
4	Zweige Thymian
2	Schalotten (60 g)
1	junge Knoblauchzehe
1 TL	Rapsöl (5 g)
100 g	Radieschen, geputzt
½ Bund	Frühlingslauch (20 g)
100 g	Cocktail-Strauchtomaten
	Saft von
1	Zitrone (50 ml), unbehandelt
	Salz
1 TL	Honig (5 g)
	Chili aus der Mühle

FÜR 4 PERSONEN

● Die Schalotten und den jungen Knoblauch schälen und in feine Streifen schneiden. Das Rapsöl in einem Topf mit Dämpfeinsatz erhitzen und beides glasig anschwitzen. Danach den Thymian, Zitronenverbene und die in Scheiben geschnittene Zitrone zugeben. Mit Gemüsefond aufgießen.

● Die Blattpetersilienzweige auf den Dämpfeinsatz legen, die Filets dazulegen und mit wenig Salz und Chili würzen. Anschließend über den aromatisierten Sud geben, mit einem Deckel verschließen und bei ca. 55–60 °C im Kräuterdampf für ca. 8–10 Minuten garen.

● Den Bärlauch waschen, trockentupfen, die Stiele entfernen und die Blätter fein schneiden. Alle Zutaten abmessen und bereitstellen. Danach Mehl, Milch, Eier, Bärlauch und eine Prise Salz in einen hohen Becher geben. Den Teig mit Hilfe eines Pürierstabs glatt mixen. Anschließend durch ein feines Küchensieb in eine Schüssel gießen. Die Schüssel mit Frischhaltefolie abdecken und den Teig 30 Minuten ruhen lassen. Die Pfanne mit einem Pinsel dünn mit Rapsöl ausstreichen. Etwas Teig mit einer kleinen Schöpfkelle in die Pfanne geben und die Pfanne schwenken, damit sich der Teig gleichmäßig auf dem Pfannenboden verteilt. Goldgelb backen. Crêpe wenden und auf der zweiten Seite ebenfalls goldgelb backen. Auf diese Weise 6–8 Crêpes backen.

● Den Spargel mit Hilfe eines Sparschälers rundherum abschälen und die holzigen Enden abschneiden. Die Zitrone in Scheiben schneiden und zusammen mit dem Gemüsefond und Thymian in einen Topf mit Dämpfeinsatz geben und zum Kochen bringen. Den Spargel auf das Garblech legen und über dem Aromadampf für ca. 12–15 Minuten bissfest garen. Die Schalotten und die Knoblauchzehe schälen, fein würfeln und im erhitzten Rapsöl glasig anschwitzen. Danach den fertig gegarten Spargel darin kurz durchschwenken und mit Salz würzen. Den Frühlingslauch waschen, putzen, trockentupfen und in feine Ringe schneiden. Die Tomaten waschen, trocknen und vierteln. Radieschen ebenfalls vierteln. Zum Schluss den Lauch, Tomaten, Radieschen und Zitronensaft miteinander vermengen und mit Salz, Honig und Chili aus der Mühle abschmecken.

● Crêpes auf die Teller verteilen, Spargelgemüse daraufgeben, mit Doradenfilet abschließen.

HAUPTSPEISEN

NÄHRWERT PRO PORTION
ca. 497 kcal Energie
2,1 BE Broteinheiten

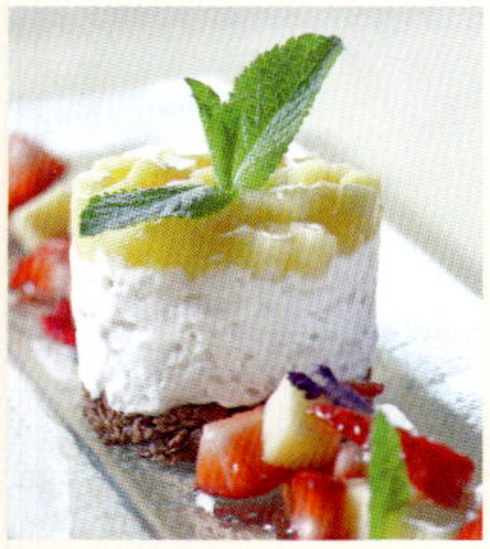
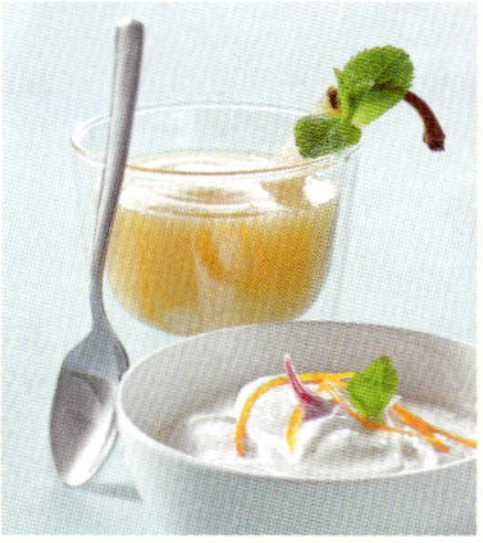
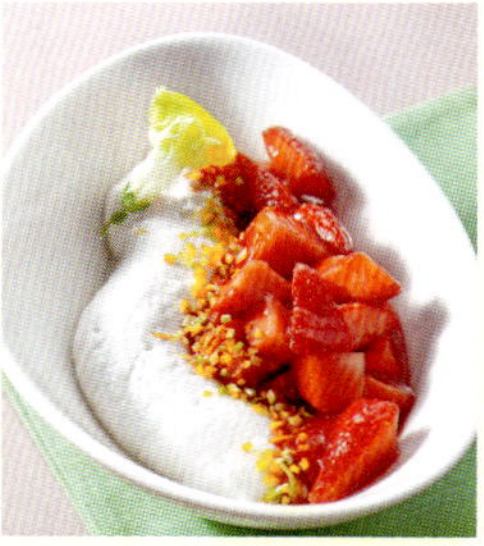
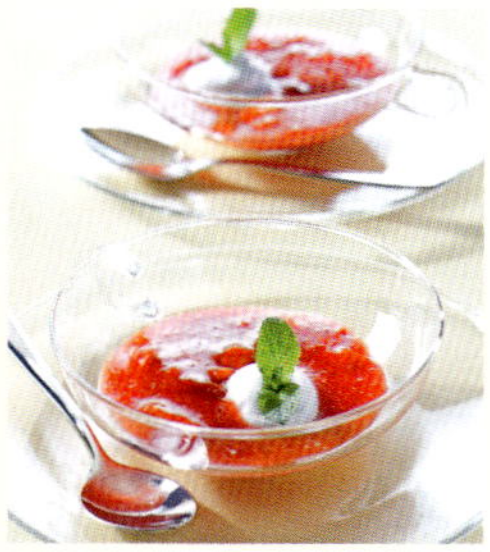
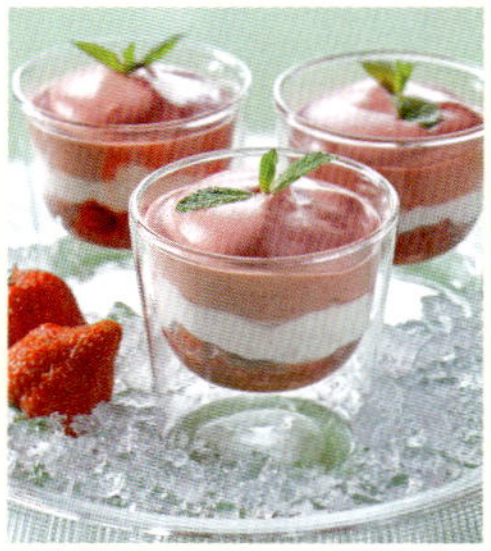
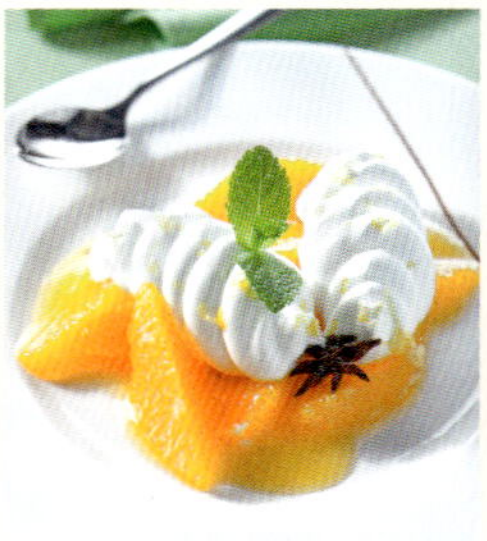

Desserts

DESSERTS

Kokosmilchreis-Törtchen
mit Mango-Erdbeer-Ragout

🔵 Reis mit Kokosmilch in einen Topf geben und bei mittlerer Hitze unter häufigem Umrühren offen ca. 20 Minuten garen. Topf vom Herd nehmen, Milchreis mit Rumaroma und dem Zucker verfeinern. Anschließend vollständig abkühlen lassen.

🟡 In der Zwischenzeit Mango schälen, Fruchtfleisch am Stein entlang herunterschneiden. Zwei Drittel des Fruchtfleisches in kleine Würfel schneiden, ca. 50 g Mangowürfel beiseitestellen. Restliches Fruchtfleisch in einem Mixer pürieren. Mangopüree mit Mangowürfeln mischen. Die Erdbeeren waschen, trockentupfen und putzen. Anschließend vierteln.

🔵 Vier Ringe mit einem Durchmesser von ca. 4 cm und einer Höhe von ca. 5 cm auf ein Blech stellen. Schokolade in kleine Stücke brechen und in einer Schüssel über einem heißen Wasserbad schmelzen. Cornflakes fein zerbröseln, zur flüssigen Schokolade geben und gründlich miteinander mischen. Diese Mischung in die Ringe verteilen und etwas festdrücken. Dann in den Kühlschrank stellen und fest werden lassen. Fest gewordene Böden mit einem kleinen Messer von den Ringen lösen, die Ringe aber nicht abnehmen.

🔵 Sahne steif schlagen und unter den erkalteten Kokosmilchreis heben. Zuerst den Kokosmilchreis in die vier Ringe auf den fest gewordenen Cornflakes-Böden verteilen, danach das Mango-Ragout darauf geben. Je einen gefüllten Ring auf einen Teller setzen. Ring vorsichtig abziehen. Danach Mangowürfel und Erdbeeren miteinander vermengen und seitlich daneben anrichten. Zum Schluss mit frischer Minze garnieren.

KOKOSMILCHREIS

100 g	Milchreis (Rundkornreis)
400 ml	ungesüßte Kokosmilch
1 TL	Zucker (5 g)
1 TL	Rum-Aroma
75 g	Cornflakes
50 g	Vollmilch-Schokolade
50 ml	fettreduzierte Sahne (21 % Fett) zum Schlagen
	geröstete Erdnüsse zum Bestreuen (10 g)
4	Minzekronen

MANGO-ERDBEER-RAGOUT

1	Mango, sehr reif (300 g)
100 g	frische Erdbeeren

FÜR 4 PERSONEN

DESSERTS

NÄHRWERT PRO PORTION
ca. **330 kcal** Energie
4,3 BE Broteinheiten

DESSERTS

Birnensüppchen
mit Orangen-Zimt-Quark
im Glas

🔘 Magerquark, Honig, Orangensaft und Orangenschale sowie Vanillemark und Zimt gut verrühren.

🟢 Honig und Gewürze mit 100 ml Wasser aufkochen, dann bei mittlerer Hitze etwa 5 Minuten köcheln lassen. Anschließend den Honigsirup auskühlen lassen und dann durch ein Sieb passieren.

🟢 Birnen waschen, schälen, vierteln, entkernen und mit dem Honigsirup, Zitronensaft und -schale sowie Vitamin C-Pulver und den Eiswürfeln in einen Mixer geben. In etwa 2–3 Minuten fein pürieren.

🟢 Die Quarkmasse in einen Spritzbeutel füllen und in 4 Dessertschälchen spritzen. Das Birnensüppchen extra in einem Glas dazu reichen und mit frischer Minze garnieren.

ORANGEN-ZIMT-QUARK

- 200 g Magerquark
- 30 g Orangenblütenhonig
-   Saft (300 ml) und abgeriebene Schale von
- 2 Orangen, unbehandelt
-   Mark von
- 1 Vanilleschote
- ½ TL Zimtpulver

BIRNENSÜPPCHEN

- 50 g Vanille in Akazienhonig (Alternative: Akazienhonig)
- 1 Zimtstange
- 2 Sternanis
- 1 Nelke
- 3 kleine, reife Birnen (450 g) abgeriebene Schale und Saft (50 ml) von
- 1 Zitrone, unbehandelt
- 1 TL Vitamin C-Pulver,
- 6 Eiswürfel
- 2 Minzezweige

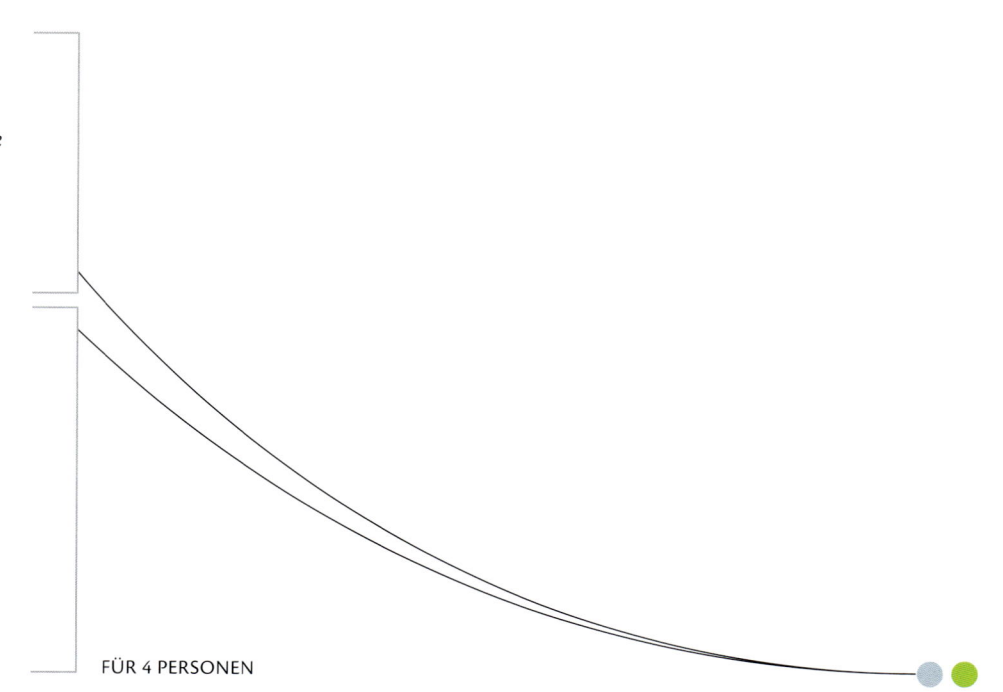

FÜR 4 PERSONEN

DESSERTS

NÄHRWERT PRO PORTION
ca. **193 kcal** Energie
3,3 BE Broteinheiten

DESSERTS

Holunder-Quark-Schaum
mit Erdbeeren und Rhabarber

● Magerquark, Holundersirup, Limettenschale und Limettensaft sowie Vanillezucker gut verrühren.

● Eiweiß steif schlagen, dabei nach und nach den Zucker einrieseln lassen und unter die Quarkcreme geben.

● Erdbeeren putzen, vierteln und mit dem Holundersirup und dem Zitronensaft marinieren.

● Rhabarber schälen und in ca. 1x1 cm große Würfel schneiden. Honig, Apfelsaft und Vanillemark in einer Pfanne aufkochen, Rhabarber zugeben und darin nicht zu weich dünsten. Anschließend abkühlen lassen.

● Den Holunder-Quark-Schaum in einen Spritzbeutel füllen und auf einen Teller oder ein Schälchen spritzen. Die marinierten Erdbeeren und den Rhabarber seitlich danebengeben und mit frischer Minze garnieren.

HOLUNDER-QUARK-SCHAUM

300 g	Magerquark
80 ml	Holundersirup
	abgeriebene Schale und Saft (60-80 ml) von
2	Limetten, unbehandelt
1 EL	Vanillezucker (10 g)
2	Eiweiß
30 g	Zucker

ERDBEEREN UND RHABARBER

300 g	Erdbeeren
30 ml	Holundersirup
	Saft von
½	Zitrone (25 ml)
300 g	Rhabarber
1 EL	Honig (10 g)
100 ml	Apfelsaft
	Mark von
1	Vanilleschote
4	Minzezweige

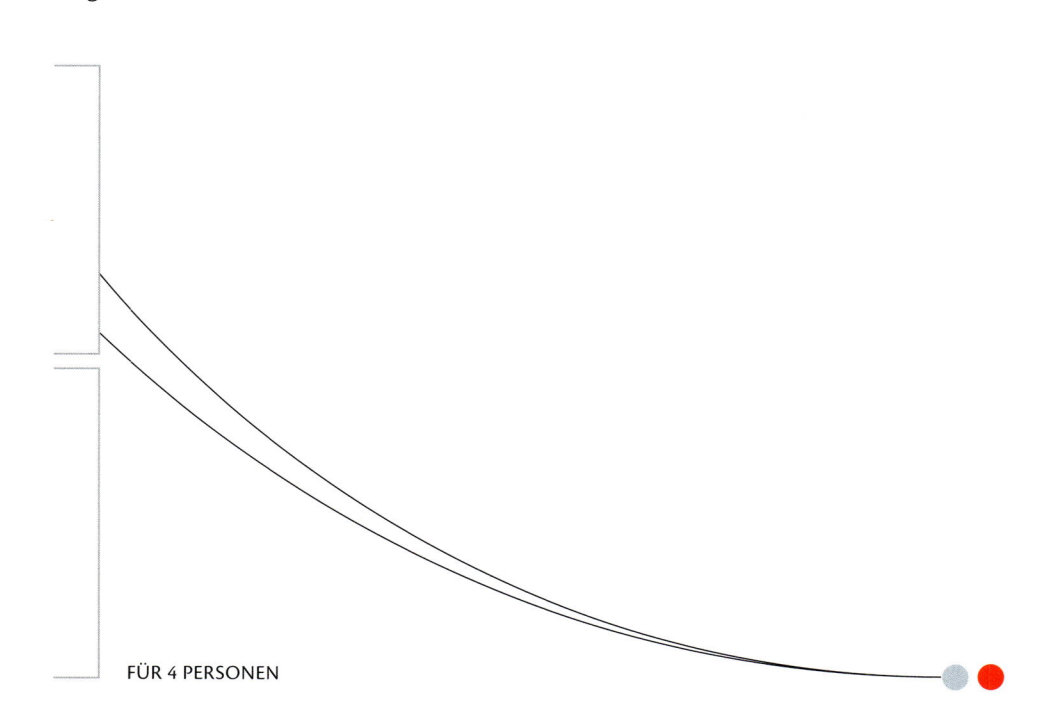

FÜR 4 PERSONEN

DESSERTS

NÄHRWERT PRO PORTION
ca. 322 kcal Energie
3,8 BE Broteinheiten

Geeistes
Erbeer-Rhabarber-Süppchen
mit Vanillequark *im Glas*

● Magerquark, Zucker, Limettensaft und Limettenschale sowie Vanillemark gut verrühren.

● Das Eiweiß mit einer Prise Salz steif schlagen und unter die Quarkmasse heben.

● Den Rhabarber waschen, schälen und in feine Würfel schneiden.

● Zucker, Honig, Zimt und Orangenscheiben mit 200 ml Wasser aufkochen, dann bei mittlerer Hitze etwa 5 Minuten ziehen lassen. Anschließend durch ein Sieb passieren, Rhabarberwürfel zugeben und diese weitere 5 Minuten bei geringer Hitze garen.

● Erdbeeren waschen, vierteln und mit dem Rhabarbersirup, Zitronensaft und -schale sowie Himbeermark und Eis in einen Mixer geben. In etwa 2–3 Minuten fein pürieren.

● Die Quarkmasse in einen Spritzbeutel füllen und 4 Dessertgläser zur Hälfte damit füllen. Das Erdbeer-Rhabarber-Süppchen daraufgeben und mit frischer Minze garnieren.

VANILLEQUARK

200 g	Magerquark
½ TL	Zucker
	Saft (60–80 ml) und abgeriebene Schale von
2	Limetten, unbehandelt
	Mark von
1	Vanilleschote
2	Eiweiße
1 Prise	Salz

ERDBEER-RHABARBER-SÜPPCHEN

1 Stange	Rhabarber
½ TL	Zucker
1 EL	Honig (10 g)
½	Zimtstange
4	Orangenscheiben (40 g), unbehandelt
300 g	Erdbeeren
	Saft (50 ml) und abgeriebene Schale von
1	Zitrone, unbehandelt
50 g	Himbeermark
6	Eiswürfel
2	Minzezweige

FÜR 4 PERSONEN

DESSERTS

NÄHRWERT PRO PORTION
ca. **130 kcal** Energie
0,6 BE Broteinheiten

DESSERTS

Dreierlei von der Erdbeere

🔴 Wenn nötig mit Hilfe eines Küchenmessers die Fäden des Rhabarbers abziehen, Enden abschneiden und in ca. 1cm große Würfel schneiden.

🔴 Honig in einer Pfanne erhitzen, Rhabarberwürfel zufügen, kurz in 2–3 Minuten noch bissfest garen und vom Herd nehmen.

🔴 Erdbeeren waschen, trockentupfen, den Strunk entfernen und in ca. 1 cm große Würfel schneiden. Diese mit den gerösteten Mandelsplittern zu dem Rhabarber geben, vorsichtig vermengen und beiseitestellen.

🔵 Erdbeeren putzen, den Strunk entfernen und die eine Hälfte mit dem Mixstab fein pürieren. Die andere Hälfte vierteln und zu den pürierten Erdbeeren geben.

🔵 Orangensaft und -abrieb, Quark, Joghurt sowie Honig gründlich miteinander verrühren, Erdbeeren zugeben und anschließend beiseitestellen.

🟢 Minze waschen, trocknen, von den Stielen zupfen und in Streifen schneiden.

🟢 Erdbeerpüree, Honig, Minze und Crushed Eis mit Hilfe eines Standmixers zu einem geeisten Erdbeer-Minz-Süppchen verarbeiten.

🟢 Zum Anrichten zuerst Rhabarber-Erdbeer-Ragout, dann Erdbeer-Joghurt-Creme und abschließend geeistes Erdbeer-Minz-Süppchen in Gläschen füllen und mit frischer Minze garnieren.

RHABARBER-ERDBEER-RAGOUT

½	Stange Rhabarber (50 g)
3 EL	Akazienhonig (30 g)
200 g	Erdbeeren
20 g	Mandelsplitter, geröstet

ERDBEER-JOGHURT-CREME

200 g	Erdbeeren
	Saft und Abrieb von
½	Orange, unbehandelt (75 ml)
50 g	Magerquark (0,1 % Fett)
100 g	Magerjoghurt
3 EL	Akazienhonig (30 g)

GEEISTES ERDBEER-MINZ-SÜPPCHEN

2	Minzezweige
100 ml	Erdbeerpüree
1 TL	Akazienhonig (5 g)
100 g	Crushed Eis
4	Minzeblättchen

FÜR 4 PERSONEN

DESSERTS

NÄHRWERT PRO PORTION
ca. 148 kcal Energie
1,9 BE Broteinheiten

DESSERTS

Gewürz-Orangen
mit Buttermilchnocken

● Die Hälfte der Buttermilch mit Honig und Zitronensaft erwärmen. Die in kaltem Wasser eingeweichte Gelatine gut ausdrücken, in der Buttermilch auflösen, restliche Buttermilch zugeben und abkühlen lassen.

● Wenn die Buttermilch zu gelieren beginnt, steif geschlagene Sahne unterheben, Masse in einen Spritzbeutel füllen und im Kühlschrank fest werden lassen.

● Die Orangen so schälen, dass die gesamte weiße Haut entfernt ist. Anschließend die Filets herausschneiden und den Saft dabei auffangen. Frischen Orangensaft zusammen mit aufgefangenem Saft und Honig aufkochen. Danach Zimt, Vanillemark, Anis zugeben und 5–8 Minuten bei mittlerer Temperatur köcheln lassen. Zum Schluss die Gewürze wieder entfernen und mit angerührter Speisestärke binden.

● Den Orangensud in tiefe kleine Teller füllen und die reservierten Filets hineinlegen. Mit Hilfe des Spritzbeutels die Mousse nockenähnlich aufspritzen. Mit frisch geschnittener Minze bestreut servieren.

BUTTERMILCHNOCKEN

200 ml	Buttermilch
1 EL	Honig (10 g)
	Saft von
1	Zitrone (50 ml)
3 Blatt	Gelatine
150 g	fettreduzierte Schlagsahne (21 % Fett)

GEWÜRZ-ORANGEN

4	Orangen (600 g)
200 ml	frischer Orangensaft
1 EL	Akazienhonig (10 g)
½	Zimtstange
3	Anissterne
	Mark von
½	Vanilleschote
1 EL	mit kaltem Wasser angerührte Speisestärke (10 g)
	Minze für die Garnitur

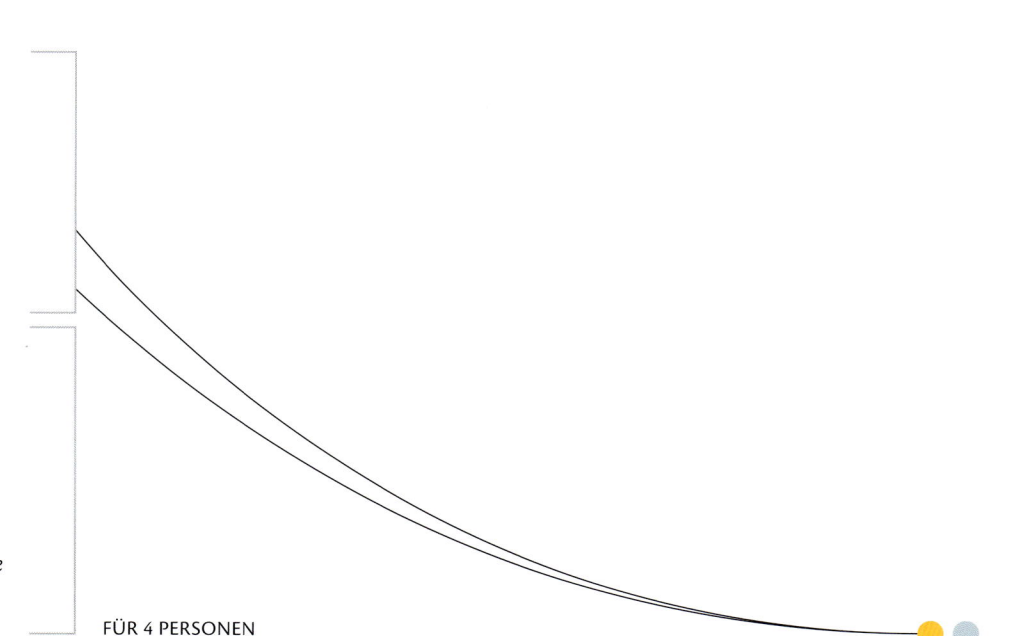

FÜR 4 PERSONEN

DESSERTS

NÄHRWERT PRO PORTION
ca. 209 kcal Energie
2 BE Broteinheiten

85

DESSERTS

Ananasfrappé
mit Kokosschaum

🟡 Die Ananas schälen, vierteln und den Strunk entfernen. Die Hälfte des Fruchtfleischs in kleine Würfel schneiden und zur Seite stellen. Das restliche Fruchtfleisch zusammen mit Zitronensaft und Vanillemark in einen Mixer geben, fein pürieren und anschließend durch ein feines Sieb streichen, mit etwas flüssigem Süßstoff abschmecken. Die Masse mit den übrigen Würfeln mischen und kühl stellen.

🔵 Gelatine in kaltem Wasser einweichen.

🔵 Die Kokosmilch mit der Vanilleschote in einem Topf leicht erwärmen und vom Herd nehmen. Eingeweichte Gelatine ausdrücken und in der Kokosmilch auflösen. Anschließend durch ein Sieb passieren, abkühlen lassen, mit etwas flüssigem Süßstoff abschmecken und in eine Espuma-Flasche (z. B. Sahnespender von isi) füllen.

🔵 Die Ananas vorsichtig in Gläser füllen, den Kokosschaum daraufgeben und mit Ananasblättern garnieren.

ANANASFRAPPÉ

1	reife Ananas (600 g)
	Saft von
1	Zitrone (50 ml)
etwas	flüssiger Süßstoff
	Mark von
1	Vanilleschote (am besten Tahiti-Vanille)

KOKOSSCHAUM

3 Blatt	Gelatine
250 ml	Kokosmilch
etwas	flüssiger Süßstoff
1	Vanilleschote, aufgeschnitten (am besten Tahiti-Vanille)

FÜR 4 PERSONEN

DESSERTS

NÄHRWERT PRO PORTION
ca. 95 kcal Energie
1,5 BE Broteinheiten

DESSERTS

Zimt-Quark-Schaum
mit Erdbeeren im Glas

- Magerquark, Puderzucker, Limettensaft und -schale sowie Vanillemark und Zimt gut verrühren.

- Das Eiweiß mit einer Prise Salz steif schlagen und unter die Quarkmasse heben.

- Erdbeeren waschen, putzen und je nach Größe halbieren oder vierteln. Ein Drittel der Erdbeeren zusammen mit dem Orangensaft fein pürieren und mit den restlichen Erdbeeren mischen.

- Zimt-Quark-Schaum in die Gläser füllen und die Erdbeeren daraufgeben. Zum Schluss mit frischer Minze garnieren.

ZIMT-QUARK-SCHAUM
200 g	Magerquark
30 g	Puderzucker
	Saft (50 ml) und abgeriebene Schale von
1	Limette, unbehandelt
	Mark von
1	Vanilleschote
½ TL	Zimtpulver
2	Eiweiß
1 Prise	Salz

ERDBEEREN IM GLAS
500 g	Erdbeeren
	Saft von
1	Orange (150 ml)
	Minze für die Garnitur

FÜR 4 PERSONEN

DESSERTS

NÄHRWERT PRO PORTION	
ca. 144 kcal	Energie
1,4 BE	Broteinheiten

DESSERTS

Joghurt-Quark-Creme
mit Orange
und Sommerbeeren-Smoothie

🟠 Joghurt und Quark mit Honig, Abrieb und Saft von einer Orange vermengen.

🔴 Die Eiswürfel mit der Eiscrush-Funktion im Glasmixer zerkleinern.

🔴 Buttermilch, Orangensaft und Honig zugeben und untermixen.

🔴 Die Hälfte der Beeren mit der Slow-Funktion des Glasmixers unter die Orangen-Buttermilch mischen.

🔴 Die Orangenfilets mit Honig marinieren und in die Gläser verteilen, ebenso die Joghurt-Quark-Creme.

🔴 Dann den Smoothie in die Gläser füllen, bis sie zu drei Vierteln gefüllt sind, und mit den restlichen Sommerbeeren abschließen. Zum Schluss mit Minze garnieren und servieren.

JOGHURT-QUARK-CREME MIT ORANGE

- **200 g** Magerquark
- **200 g** Joghurt, 1,5 % Fett
- **80 g** Honig
- **1** Orange, davon die abgeriebene Schale und den Saft (150 ml)

SOMMERBEEREN-SMOOTHIE

- **12** Eiswürfel
- **500 ml** Buttermilch
- **200 ml** Orangensaft, frisch gepresst
- **3 EL** Honig (30 g)
- **400 g** frische Beeren, z. B. Himbeeren, Brombeeren, Heidelbeeren, Erdbeeren
- **2** Orangen (300 g), davon die Filets
- **1 EL** Akazienhonig (10 g)
- **4** Minzezweige

FÜR 4 PERSONEN

DESSERTS

NÄHRWERT PRO PORTION
ca. 302 kcal Energie
4,7 BE Broteinheiten

DESSERTS

Ragout von Rhabarber
und Ananas
mit Orangen-Quarkschaum

🔴 Den Rhabarber waschen, putzen und der Länge nach die Fäden ziehen. Danach der Länge nach halbieren, in ca. 0,5 cm große Würfel schneiden und den Zucker darüberstreuen.

🔴 Die Ananas mit einem Messer schälen, vierteln und den harten Strunk entfernen. Anschließend ebenfalls in ca. 0,5 cm große Würfel schneiden.

🔴 Den Honig in einer beschichteten Pfanne erhitzen, den Rhabarber zugeben und 2–3 Minuten garen. Danach die Ananaswürfel zugeben, kurz mitgaren und beiseitestellen.

🔴 Die frische Minze waschen, trocknen und die Blätter von den Stielen zupfen. Danach in feine Streifen schneiden und zum auskühlenden Ragout geben.

🟢 Die Orangenschale in eine Aufschlagschüssel fein abreiben. Danach die Orange halbieren, den Saft auspressen und durch ein Sieb zum Abrieb in die Schüssel laufen lassen. Eiweiß zugeben und mit Hilfe einer Küchenmaschine einige Minuten dickschaumig aufschlagen. Dabei den Zucker zugeben.

🟢 Den Quark zusammen mit dem Zucker und dem Vanillemark gründlich verrühren. Anschließend den Orangenschaum nach und nach vorsichtig unterheben.

🟢 Zum Servieren das Rhabarber-Ananas-Ragout in die Dessertschälchen füllen, großzügig Orangen-Quarkschaum extra dazu reichen und mit frischer Minze garnieren.

RAGOUT

2 Stangen	Rhabarber (200 g)
½ TL	Zucker
1	Baby-Ananas (300 g)
2 TL	Akazienhonig (10 g)
4 Zweige	Minze

QUARKSCHAUM

2	Saft (300 ml) und Abrieb von unbehandelten Orangen
1 Prise	Zucker
3	Eiweiß (Größe M), sehr frisch
200 g	Magerquark
1 Prise	Zucker
½	Mark von Bourbon-Vanilleschote
4 Zweige	Minze

FÜR 4 PERSONEN

DESSERTS

NÄHRWERT PRO PORTION
ca. **141 kcal** Energie
1,5 BE Broteinheiten

DESSERTS

Rhabarberragout
mit Joghurtcreme
und Erdbeeren

🟠 Den Rhabarber waschen, die Enden abschneiden und mit Hilfe eines Küchenmessers die Fäden an der Innenseite des Rhabarbers abziehen. Danach der Länge nach halbieren und in ca. 5 mm dicke Stücke schneiden.

🟠 Den Honig in der Pfanne erhitzen, das Vanillemark zugeben und den Rhabarber langsam garen; er sollte noch ein wenig Biss haben. Dabei gelegentlich umrühren.

🟠 Die Erdbeeren waschen, putzen und vierteln. Kleinere Erdbeeren ganz lassen. Den weich gegarten Rhabarber von der Hitzequelle nehmen, schnell auskühlen lassen (am besten auf Eis) und die Erdbeeren dazugeben.

⚪ Den Joghurt gründlich mit dem Honig verrühren. Danach mit einem Schneebesen oder einer Küchenmaschine den Orangenabrieb und den Saft zusammen mit dem Eiweiß steif aufschlagen. Nun das Orangen-Eiweiß vorsichtig unter den Joghurt heben und bis zur weiteren Verwendung kalt stellen.

⚪ Die Erdbeeren waschen, putzen, trockentupfen und vierteln. Den Honig erwärmen und die Erdbeeren damit marinieren.

⚪ Das Rhabarberragout mit den marinierten Erdbeeren vermengen. Die Joghurtcreme portionsweise in Gläser oder auf Teller geben, das Ragout darauf verteilen und mit frischer Minze garnieren.

RAGOUT

500 g	Rhabarberstangen (möglichst rot)
1 TL	Akazienhonig 5 g)
½	Mark von Vanilleschote
150 g	reife, süße Erdbeeren

JOGHURTCREME

250 g	Magerjoghurt (0,1 % Fett)
1 TL	Akazienhonig (5 g)
1	Saft (150 ml) und Abrieb von Orange, unbehandelt
1	frisches Eiweiß
180 g	reife, süße Erdbeeren
1 TL	Akazienhonig (5 g)
	Zum Anrichten: Minze zum Garnieren

FÜR 4 PERSONEN

DESSERTS

NÄHRWERT PRO PORTION
ca. 99 kcal Energie
1 BE Broteinheiten

ANHANG ZU „TYP-2-DIABETES UND LEBENSSTIL"

Wie sich Ernährung und Bewegung auf den Blutzuckerverlauf auswirken – drei Beispiele

Was und wie viel Sie essen, hat Einfluss auf Ihre Blutzuckerwerte im Tagesverlauf. Und auch die Bewegung spielt eine große Rolle. An diesen drei einfachen Beispielen können Sie das sehr deutlich sehen:

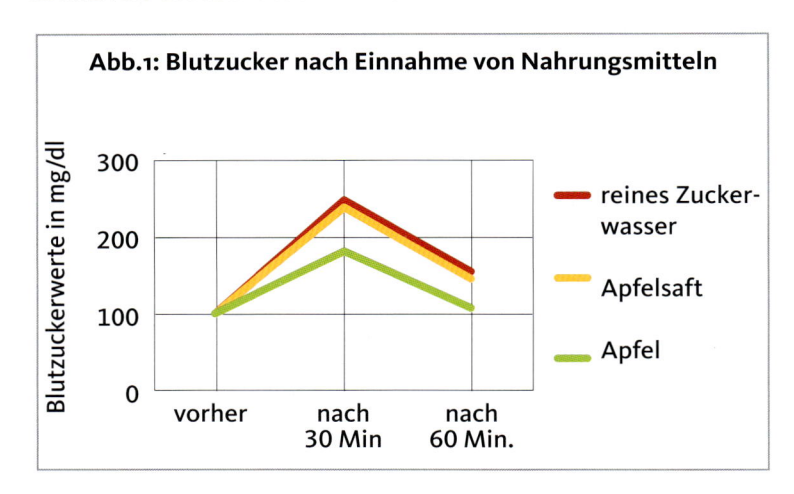

Abb.1: Am Blutzuckerverlauf ist gut zu erkennen, wie unterschiedlich sich das Trinken von Apfelsaft und das Essen eines Apfels auf den Blutzucker auswirken: Apfelsaft hat fast dieselbe Wirkung wie reines Zuckerwasser. Das liegt an den Faserstoffen (Ballaststoffen), die im Apfel enthalten sind, im Saft aber nicht mehr. Ballaststoffe sind schwer verdauliche Kohlenhydrate und bewirken, dass der Blutzucker langsamer ansteigt. Außerdem erzeugen sie ein Sättigungsgefühl, verbessern die Funktion des Magen-Darm-Traktes und verzögern die schnelle Aufnahme von anderen Kohlenhydraten und Fetten.

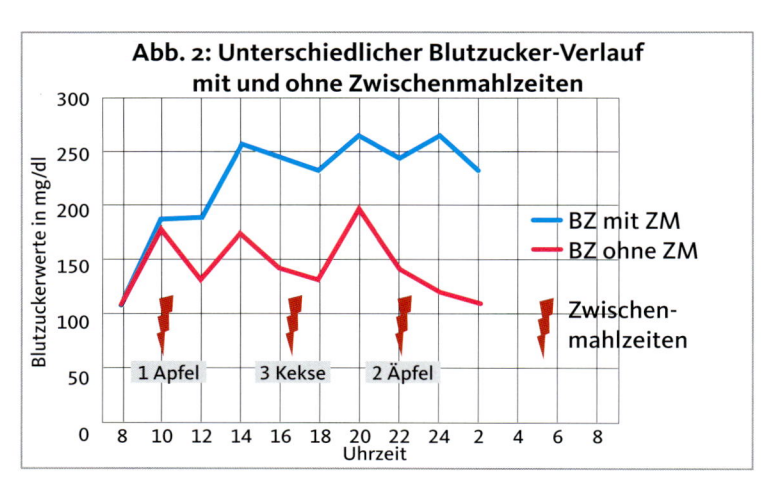

Abb. 2: Zu sehen ist der Blutzuckerverlauf eines Typ-2-Diabetikers, der nur mit „Diät" eingestellt ist. Klar ersichtlich ist, dass Zwischenmahlzeiten und Spätmahlzeiten den Blutzucker in die Höhe treiben. Eine medikamentöse Therapie wäre erforderlich, die ohne Zwischen- und Spätmahlzeiten eigentlich nicht nötig ist.

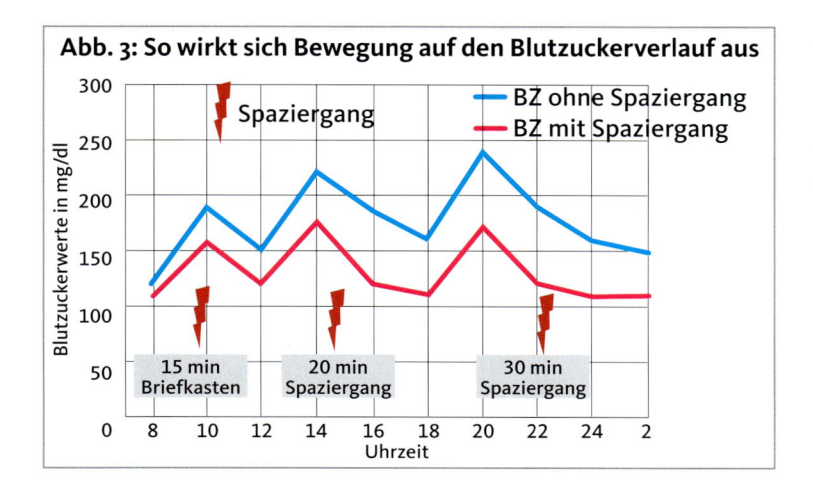

Abb. 3: Bewegung beeinflusst den Blutzuckerverlauf günstig – in dieser Abbildung ist der Effekt eines Spaziergangs gut zu sehen. Die Blutzuckerwerte sind deutlich besser, weil durch die Muskelarbeit die Blutzuckeraufnahme in die Zellen deutlich besser ist.